走向"新野之学问"

知识生产和社会实践的结合

〔日〕菅丰 著

陈志勤　彭伟文　赵彦民 译

山东画报出版社

济　南

图书在版编目（CIP）数据

走向"新野之学问"：知识生产和社会实践的结合 /（日）菅丰著; 陈志勤,
彭伟文, 赵彦民译. --济南: 山东画报出版社, 2022.7
ISBN 978-7-5474-4222-7

Ⅰ.①走… Ⅱ.①菅… ②陈… ③彭… ④赵… Ⅲ.①知识生产－关系－社会实
践－研究 Ⅳ.①F062.3②C915

中国版本图书馆CIP数据核字（2022）第115099号

ZOUXIANG "XINYEZHIXUEWEN"：ZHISHI SHENGCHAN HE SHEHUI SHIJIAN DE JIEHE

走向"新野之学问"：知识生产和社会实践的结合
〔日〕菅丰　著
陈志勤　彭伟文　赵彦民　译

责任编辑　张雅婷
装帧设计　王　芳

出 版 人　李文波
主管单位　山东出版传媒股份有限公司
出版发行　山东画报出版社
　　　　　社　　　址　济南市市中区舜耕路517号　邮编 250003
　　　　　电　　　话　总编室（0531）82098472
　　　　　　　　　　　市场部（0531）82098479　82098476（传真）
　　　　　网　　　址　http://www.hbcbs.com.cn
　　　　　电子信箱　hbcb@sdpress.com.cn
印　　刷　日照日报印务中心
规　　格　148毫米×210毫米　1/32
　　　　　9.25印张　13幅图　220千字
版　　次　2022年7月第1版
印　　次　2022年7月第1次印刷
书　　号　ISBN 978-7-5474-4222-7
定　　价　68.00元

如有印装质量问题，请与出版社总编室联系更换。

翻译分工

陈志勤　上海大学社会学院　副教授

翻译章节：

序章　我们，不是学者的天竺鼠

第一部　作为实践的学术尝试——我开始斗牛的理由

结语　共感与感应的研究者像

后记

彭伟文　浙江师范大学文化创意与传播学院　副教授

翻译章节：

第二部　重新审视学术的存在方式

赵彦民　大连外国语大学日本语学院　教授

翻译章节：

第三部　"新野之学问"的可能性与课题　（陈志勤共译）

（翻译说明：根据日文版原书作者的意见，本书对日本版中的几个不妥之处进行了修订。）

目　录

序章

我们，不是学者的天竺鼠

将要奔赴受灾地的学者、研究者们

请注意这样的一个事实：受灾地区的当事人对于学者、研究者的感情正在从不信任转变为愤怒！"我们，不是学者的天竺鼠。"——这是受灾地区民众的声音。

大学教授理所当然地来到了受灾地区，这被称为田野调查。民众因为海啸丧失了全部财产，处在水深火热的生活中，而研究者却把在临时住宅中生活的人们叫过来，看似同情地到处访谈。

这不是对一个抑或两个大学、教授、研究者的声音，而是面向大多数研究者的声音。毫无意志投身于受灾地区，但向他们靠近的人，是不应该来的。研究者的"一时兴起"甚至成为受灾地区的负担。根据一天的田野调查，把听到的话简单地整理成研究报告，这样的操作请放到其他地方。这太无情了！

从震灾开始经历了一年，一片废墟的受灾地区的忍耐已经超过极限。

（注：2012年3月）11日，有很多人从研究机构来到三陆的町村进行访问。学者、研究者诸位，首先请您自掏腰包来观光如何？我也认为有必要远离研究的地方，去受灾地区访问。请先住下来几天，从仔细地观察这里有着怎样的生活开始吧！我们等待着！[1]

如此辛辣的内容，是在东日本大地震发生后将近一年的2012年3月10日，山内明美在自己的博客中极力呼吁的。这个在东京的大学以历史社会学和日本思想史为专业的年轻研究者，以震灾为契机，作出了休学的决定，重返故乡宫城县，致力于南三陆的重建支援和现场调查。对于当时在东北掀起的研究者和专家的"一时兴起"，山内明美鼓起勇气敲响了警钟。

东日本大地震后，究竟有多少研究者和专家来到受灾地区？并且，他们是怎样在灾区受害者面前展开这种"一时兴起"的呢？在不久的将来，这样的"一时兴起"必将会得到验证！

我并不打算对以震灾为契机争先恐后拥进受灾地区，并且现在也正在一拥而入的研究者和专家的行为，全部以自以为是或利己主义的名头进行责难。其中有很多人极大地鼓励了在苦难中挣扎的地区和民众，而且他们实际上已经拯救了很多人。不过，混杂于为了这些受灾民众的知识生产和社会实践之中，以重建的名义去利用遭受震灾的民众，以此作为自己的研究利益而去灾区的

---

[1] ake.note: http://akemi.da-te.jp/e477644.html。阅览日：2012年8月11日。

研究者和专家们，在这些灾区中肯定是存在的。还有，有利于民众的知识生产和社会实践，如从细微处观察，具有出现未必对民众有利的可能性。因为直接目睹了这种现状，山内明美才发出了这样的沉痛之言。

2005年，卡特里娜飓风侵袭了美国南部。这次大灾害之后不久，人们在茫然若失之中，国家趁着混乱断然实行了激进的经济政策。娜奥米·克莱恩揭露了在社会危机中的民众还没有从不安中醒来的时候，以"休克主义"的方式呈现的由强大力量所造成的真相。（クライン，2011a、2011b）令人震惊的事件或危机成为社会不安定状况的诱因，对掌握着强大力量的人来说正是一次良机。灾难型的政策似乎也袭击着东日本大地震后的日本，与此相同，那里也同样遭到灾难型的"研究""学问"或者"社会实践"这类东西的侵袭。以悲惨事件这种极端的变故为契机，研究、学问以及社会实践诸如此类的本性暴露无遗。

东日本大地震的重建之行尚在途中。必须埋头苦干的紧迫课题堆积如山。对此，现在要竭尽全力的重要性不必多言，这是必须要继续下去的事情。但是，现在，在这里我们稍稍停下脚步，是否也有必要尝试着以自反的、自省的心态进行回顾呢？对以研究和学问的形式互换的知识生产和社会实践进行回顾，哪怕只是一点点也无妨。这是为了把知识生产和社会实践作为真正需要它的民众的东西，而不是为了研究者和专家。

现在在东日本大地震后的受灾地区从事研究和实践的人们，还有迄今为止一直在参与的人们，我希望大家把山内明美的话牢牢地铭刻于心，无论如何请回顾一下自己把受灾地区民众作为对象而展开实践的行为。并且，把远离受灾地区的那些地区以"田野"的方式切割出来，以生活在那里的民众作为研究和实践的对象的研究者和专家，我也希望你们不要以为山内明美的话事不关己，应该把它作为重新审视自己的姿态和行为的一个契机。

本书的构成和意图

本书不是一本直接论及东日本大地震的书籍。也不是一本单纯地探讨调查地受害论的书籍。作为"一直凝视"生活在地方上的民众的研究者和专家，他们要对包含研究姿态和行为在内的自己进行"重新凝视"。并且，作为"一直被凝视"的研究者和专家的研究对象的民众的觉醒，可以对研究者和专家们的姿态和行为进行"返归凝视"。我们需要对这类双向性的以及自反性的关系作为普通的事情进行理解。在此基础上，容易被"凝视""被凝视"这类关系所固定的两者，需要在现代社会中克服这种关系的同时创造新的学问和知识的场域，在那里对协作性的新的知识生产和社会实践进行挑战。本书的目的就是为了这种新的知识生产和社会实践的实现而提示种种构思和本质。

在第一部中，首先是关于"我"曾经进行的、现在也在进行的知识生产和社会实践的自我反省。那是东日本大地震7年前发生的地震灾害——新潟中越地震中"我"的亲身经历，从"我"的视角的内含自我指涉的自我民族志（autoethnography），对震灾后的自己和他者的行为进行表现。因为与当地民众的关系还有自身的经历，这迫使我对以前毫无疑问坚持下来的研究这种行为进行了深刻的自省自照。而且，这成为我重新审视自己的研究姿态、方法以及观点的一种契机。同时，不仅仅是对某个个别的研究，也成为回顾自己和其他人所从事的学术整体并尝试自身更新的一种契机。这样的自我体验不只是我自身的内省，也能够作为其他人对照自己的存在和行为的共有知识，这就是第一部的目的。

对于我亲身经历的那个地区发生的事情，我并没有立刻想到要去附会东日本大地震后的状况。只不过研究者和专家所引发的问题所在及其结构状态，竟然如此意想不到得异曲同工。而且，这些问题不只是在震灾这种极端的变故之下才引人注目。如果说在世界上的很多地方都会发生这类问题也不为过，即便是在常态下，平静的调查和研究中也同样会产生这些问题。只不过在发生巨大变故的情况下易于表面化而已，但在一般情况下，这些问题潜伏于不显眼的地方。

在接下来的第二部中，我首先对我自己的专业"民俗学"进行回顾。民俗学这门学科如果和其他的学科相比校，可以知道这是一门与众不同的学问。日本的民俗学，是在20世纪初期由柳田国男这个人物及其同仁始创的国产之学问。是被他们所唤起的、所实践的"草根"的学问创造运动。这个学科的中坚人物与当时的正统学院派中坚人物有着极大的不同，他们不属于学术机构，或者是从学术机构走出来的异端的一些人。为此，在后世，民俗学就被表述为是"野之学问"了。

既是科学史家又是环境伦理学者的鬼头秀一指出："探究作为

民俗学的'野之学问'的意义，也给我们提供了学问在现在的社会中应该如何定位的极大启示。"（鬼头，2012：264）的确，作为"野之学问"的民俗学的整体面貌，能够作为揭开学院派面纱的"启示录"进行解读，而且是必须进行解读。

在这里，我们先对"野之学问"这种表述的意义以及意图进行一些确认。在本书的书名中，对"野"字标注了读音"ノ（no）"。[1]而实际上，"野之学问"的"野"，应该以"ヤ（ya）"和"ノ（no）"这两个意义进行把握。[2]关于这两个发音造就的两种含意，社会学者佐藤健二用以下的解说很好地进行了诠释：

> 把这个（注："野之学问"）发音为"ノ（no）"的学问
> 还是发音为"ヤ（ya）"的学问，实际上其意义的延展是不同
> 的。如"ノ（no）の（no）"这样重叠读音的话，其声音温和
> 回响，在意味着至今没有光芒照耀的"民间的"这种形象的
> 同时，可以把学习的人们导向"田野"的野的现场。如"ヤ
> （ya）の（no）"这样强化读音的话，在意味着"在野党"或者
> "下野"这种语感的同时，变成了强调对抗性的语气，无意中
> 把"野生""粗野"以及"野心"所表示的这种能量牵扯了进
> 去。（佐藤健二，2009：281）

---

[1] 译注：这里指日文版书名中的标注。
[2] 译注：在这里，"ノ（no）"和"ヤ（ya）"汉字都为"野"。发"ノ（no）"音的"野"，有原野、田野、田地、野生的意思；发"ヤ（ya）"音的"野"，有野外、旷野、民间的意思。

换言之，"野之学问"这种表述的意义，在于其学问的在野性，在于现场中的田野的科学性，在于有益于民众的实践性，它要求具备向权力、权威以及学院派之类的"某种因素"进行对抗的本质。作为这样的"野之学问"而兴起的民俗学的生成、发展以及"衰退"的历史，在重新追问现在的知识生产和社会实践上具有极大的参考价值。"民俗学现在的存在方式反过来映照着学问的存在方式"。（鬼头，2012：264）

并且，我在第二部中还探讨了与过去的"野之学问"偶然相似的、关于现代世界水平的学问变化的广泛动态。主要以"学术的公共性"论、科学技术社会论、迈克尔·吉本斯的"模式论"为题材，对现在的知识生产面向社会开放的状况以及必要性进行了阐述。

在第三部中，我将展现适应于现代社会的并在那里发生的"新野之学问"的运动状态。其实，在现代社会中，和过去的民俗学以"野之学问"存在的时代相比，在我们周围即"野"中，人们发现问题，对情报进行收集、分析、传播、实践并构成组织、获得资金的能力和意欲都已经显著提高。以这样的时代为背景，以身处学院派以外非学术（extra-academic）的人们为主体的知识生产和社会实践正在兴起，即"新野之学问"。而且，与此相应，学院派自身也正在改变其研究的框架。

现在，社会上提倡"有用的"观念，不再封闭于学院主义这种特定的狭小的学科之中，运用多样性的睿智、技能以及经验的新的学问和知识正在诞生。这是一项不只有研究者和专家还包括公共部门（public sector：国家和地方公共团体等所谓的"政府"）和市民、NPO、企业等各种异质的相关者参与策划、协作的知识生产和社会实践的治理运动。在这种新的学问和知识中，将发现在日常生活中等身大的人类的问题，其方法将根据现场情况进行选择性、归纳性的理解。而且，这将成为包含他者和自己在内的自反性的知识活动。

但随着这种新的知识生产和社会实践的发展，从另一方面来说，有时候会将其定型化或者规范化、指南化、通用化、手段化，甚至将这种方法的应用本身作为目的的"大写的学问"，开始被专业学科以及政治所利用。更进一步地会将其教条化，从本来应该具有的"野"那里分离出来，进而被学院主义所回收。现在，我们正面临着诸如此类的问题。我们要在新的知识生产和社会实践中寻求极大的可能性，在对此进行考究的同时，也必须面对其发展背后隐藏着的困难。

我希望通过本书，把一个田野调查者面对现实的社会事实而思考的新的知识生产和社会实践的"方法论"，传达给那些真正需要学问和知识的人们。

第一部

作为实践的学术尝试——我开始斗牛的理由

1. "进入"田野

我的田野——小千谷市东山

灾害和战争这样的极端的意外变故，很多时候会让人发生改变。纵然不是直接经历过来的，因为对这种意外变故产生的共感，人也是会改变的。就是对于故作冷静的研究者来说也是同样的。在东日本大地震的7年前，因为与我自己一直相关的田野（新潟中越地震）遭到地震灾害，我个人的研究和调查手法、作为研究者的姿态以及心境都发生了极大的变化。

新潟县小千谷市东山地区。这个属于山区的地方自古以来传承着斗牛的习俗。为了对这片土地进行"研究"，我已经持续调查了好几年。2004年，新潟中越地震侵袭了这个地区，夺走了人们宝贵的生命，还有牛的性命。对当地人来说，饲养的牛犹如家庭成员，牛的死去，简直让人觉得和家里人逝去同样悲伤。震灾后，很多人从山区迁移到了平原地区居住。但是，在另一方面，很多家里有牛的人却返回了山区。他们选择了在故乡的山里继续生活下去。在这个时候，饲养牛这件事情成为在山里生活的巨大动机，而且，对于沉浸在重建生活的苦难中的当地人来说，斗牛这件事情是一种极大的鼓励。

在地震发生之前，我立足于外部的世界冷静而客观地对这片土地的文化和人进行观察，是在进行"调查"。并且，把在山里生活的人当作"调查"的对象进行凝视、进行交往。我对此并没有抱有任何的疑问，因为这是工作。但是，在地震后再进入这个地区的时候，对我来说，在山里生活的人已经不仅仅是"调查"的对象了，也不仅仅是"工作"的对手了。他们成为和我一起思考、一起感觉、一起欢喜的伙伴了。虽然我总是在距这里很远的另一个地方，但我们已经成为相互的生活伙伴了。如果面对一个说长道短的学者，他会对这样毫无顾忌地讲述着的我报以冷笑，把我看成是一个陶醉于温情感伤中的天真的研究者吧。然而，正是因为拥有了这样的人际关系，才能够确信你所熟知的人和牛已经离去。当然，我并非是为了了解这样的事情而去加深人际关系。那只不过是在不知不觉之间形成的。

2007年的春天，我买了一头斗牛的牛。[1] 现在，可以看到它

---

　　[1] 译注："斗牛的牛"原文为"角突き牛"。原文中说的"角突き"，都是"牛の角突き"。本书中大都把"角突き"翻译为"斗牛"，只有在需要强调的地方，把"角突き"用"角突"表达。在日本也有使用"斗牛"的，写成繁字体，如"闘牛""闘牛场"，但意义不尽相同，"角突き"更表达一种传统性。

勇猛战斗了。因为实际拥有了牛，让我理解和发现的事情不计其数。拴系牛鼻的难度、被牛角扎时的痛楚、牵着的牛奔跑起来的恐惧……都是些光听说不能够体会的事情。如果面对一个好嘲讽挖苦人的学者，进行这样"调查"的我，可能会被指责为是单纯的经验主义者吧。但是，正是因为有了这样的实际体验，我才能够弄懂和领悟很多技术和知识的细节。当然，我也并非是为了加深这种理解而去买牛的。那也只不过是在不知不觉之间形成的。

根据学科（个别的学问领域）的差异，或者把田野设定为国内还是国外的差异，研究者和专家实施的调查设计方案就具有极大的不同。可是，对依据调查的研究者来说，与田野以及在那里生活的人的相遇是颇有计划性的。田野工作者通常会事先选择好适合自己研究的田野，制订研究计划，决定符合计划的访问去处，预先联系要进行访谈等工作的调查对象。在日本国内的调查中，为了进行有效的调查或者为了提高接受调查的实现可能性，也可以委托市町村等行政机关进行协助、介绍和斡旋。

虽然这是理所当然的，但对于研究者来说，田野是带着研究这个企图和目的到访的地方，把在那里生活着的人看作是调查研究的"对象""被实验者""被调查者"，说到底是遵循学术的调查研究这种框架，刻意地选择"适当"的场所和人群。

现在，我经常去的"田野"东山地区位于小千谷市的东方，是信浓川东岸的山区。这片山脉的标高虽然不算很高，但山势陡峭，山谷深邃，山峦起伏重叠连绵。真的是翻过一个山头又是一个山头，属于典型的中山间地区的农村。在陡峭的山峦之间，点点分布着称为小栗山、中山、寺泽、朝日、首泽、岩间木、荷顷、兰木、盐谷的小村落（集落）。

在这片土地的人们为了生产稻谷，把朝向天际倾斜的土地开垦成农地，建成了阶梯形层层而上展开的梯田。那里是暴雪地带，以前从12月到第二年的4月会被暴雪淹没，常常发生与山脚下平原地区联系中断的情况。横跨这个东山地区以及相邻的长冈市旧山古志村一带、原山口町一部分的这一片区域，被总称为"二十村乡"。这种区划起源于近世的统治阶层，因为自古以来在经济、社会、文化上，这一片区域具有共通性。作为新潟的特色产品，非常著名的锦鲤就是以这个二十村乡为发祥地，现在已经发展成为与世界上几十个国家进行贸易的出口产品。而且，在这二十村乡，"斗牛"作为地域传统文化一直被传承下来了。

越后的斗牛。（2011年6月4日，小栗山斗牛场。渡边敬逸摄。）

这里的斗牛已经被指定为国家的"重要无形民俗文化财"，虽然在人们的口口相传中，斗牛被认为是从千年以前就开始的，但有关的详细史料在19世纪初期曲亭马琴所著的《南总里见八犬传》中才第一次出现。在第7辑卷之7第73回中记载有"在古志郡二十村……有称为角突的斗牛之神事"，对斗牛涉及的细节进行了描写。故事说的是八犬士其中之一的犬田小文吾在越后的旅途中，为了观看斗牛访问了二十村乡，并一个人制止了大家都无法控制的粗野的牛，描写了小文吾勇猛大胆的形象。其中，以一般的创作型戏作文学难以想象的程度，对有关斗牛的一系列过程和来历等进行了详尽而真实的记录。

　　之所以如此详尽，是因为有关斗牛的这一段内容是以曲亭马琴的友人越后盐泽的文人铃木牧之提供的情报为基础记录下来的，铃木牧之在1820年（文政三年）3月到过这个地区，亲眼目睹了斗牛的场景。铃木牧之是汇集雪国越后习俗的《北越雪谱》以及整理横跨新潟县和长野县的秘境——秋山乡风俗和习惯的《秋山记行》的作者，与其说他仅仅是写书的作者，不如说他其实是以现在所说的"调查"——田野调查为基础进行记述的地方文人——一个田野工作者。因此，《南总里见八犬传》中斗牛的那一段，虽然可以看到若干渲染夸张的部分，但即使根据现在的斗牛来看，也具有相应的真实性。此后，斗牛活动经历了几次反复的盛衰一直传承至今。当初，我认为应该对斗牛这个传统文化进行研究，于是作为我的"田野"而进入了这片土地。

调查方和被调查方

我"进入到"这块土地是很偶然的。机会来自1999年的某个学会上，我认识了一个在当地拥有斗牛的牛并从事写作的人。两年后的2001年，我突然接到了来自这个作家的电话。在9月份有一个"全国斗牛峰会"，是斗牛的全国性组织的一次集会。说是第一次在小千谷举行，便以此为纪念设立了"越后斗牛谈话会"。他希望我去参观峰会，并请我顺便在那里作一次讲演。在我讲演后的第二天，我被列为会议成员参加了峰会，并获得了实际观览斗牛的机会，有幸认识了斗牛活动运营组织"小千谷斗牛振兴协议会"（之后，以"斗牛会"表述）的会员们。

这种"关系"对于田野工作者来说是至关重要的。以人类为对象的调查，很多时候要去探寻这样的关系并去接近调查的对象。对于确保调查所需的情报、资料，还有从研究者角度所表述的协助调查的"讲述者""解说者""情报提供者"这些人，这样的关系将成为一把钥匙。

学问或者研究者通过崇高的权威去接近被当作研究对象的人的这种行为，乍一看似乎是某种无瑕的东西，或者是被伪装得高贵的东西。它不是与金钱纠缠的经济行为，而是基于高尚学术精神的一种纯粹的知性行为，对此，一般的人甚至是其行为者的研究人员也是无意识地进行这样理解的，并将其作为对工作具有价值的行为进行认同。当然，研究者虽然不是在田野调查中向那里的人们贩卖什么东西而去获取利益，但是，显而易见，他们是通过田野调查从那里获得了什么东西或者情报从而获取利益。

如此，研究者在研究这个自己的世界中，对田野以及在那里的人进行自如运用的行为，有时候会被人看破。人类学者安溪游地从学生时代开始就在冲绳县西表岛开展了近40年的田野调查，一直坚持进行包含地域实践在内的"浓厚关系"的研究，据说曾经从岛上的人那里扔过来这样的话：

> "哎！眼镜！你知道究竟是托谁的福才当上大学老师的吗？"
>
> "写了岛上的事情，至少挣的一半钱，你要直接返回给岛上吧！"（宫本、安溪，2008：54）

这些话语虽然很尖刻，不过与其说是对安溪游地个人的指责，不如理解为是他长期坚持"浓厚关系"而构筑的信赖关系的结果，他终于能够获得当地人对待研究者或者研究行为的平常的真实所感了。正是因为安溪游地凝结了深厚的关系，那里的人才能对从事"调查""研究"的研究者吐露坦率的意见，如果这样的关系没有建立起来，发出来的声音就带有令人忌惮的严厉态度了。在很多田野中，被调查的人虽然产生了一些想法，但一般都不会说出来。在这里，很显然在调查中"调查方"和"被调查方"之间面临着力量关系不均衡、非对称性这种结构性的问题。

对于研究者来说，他们一般认为与成为调查研究对象的人的关系越多越好，或者越深越好，他们以为只有这样才能够顺利行事。如果能够和调查地的人建立很好的关系，那么即使说这项调查已经"成功"一半也不为过。民俗学和文化人类学、社会学所进行的调查这种行为是把人类作为对手，调查本身就是和人进行的交流。采访——"访谈调查"这种以耳朵为媒介接收情报的调查，其基本前提是建立"rapport（信赖关系）"，有关于此，佐藤健二如下所述：

> "耳朵的采集"这种调查行为是一种交流。它不像自然科学的很多方法那样是单向性的测定作业，其性质也不同于几乎所有条件都可控的技术性实验。认为对于调查行为来说其基本的而又重要的，就是和被调查者（可以说是对象，也可以看成是生活者）之间建立一定的信赖关系（rapport），这种想法也是从交流的事实中被推导出来的。这是因为对于被调查方而言，基本上是拥有拒绝的权利的。即使沉默或者有意识和无意识的谎言，也不得不说是在行使正当的权利。面谈者的官僚态度以及不必要的提问项目等，都会引起被调查者的各种各样的抵抗。而且，如果这种抵抗被全面引发，毫无疑问这就意味着所有调查的失败。
>
> 为了避免这种结局，基本的信赖关系的构筑是必不可少的。（佐藤，2011a：191）

在社会调查这种行为不可或缺的社会学中，一直以来是以敏感而又谨慎并且有意识地对待rapport这一问题的。在社会学中，关于rapport有如下的定义：

> 在进行面接调查的时候，为了让调查顺利地展开，收集更为准确的资料，有必要在调查员和被调查者之间建立友好的关系。两者的这种友好的关系称为rapport。（直井，1988：905）

> 在进行面接调查的时候，虽然调查的客观性很重要，但如果过于强化这种意识，机械性地对待，被对方讨厌，造成对方不合作的话，恐怕得到的结果反而不具备客观性。因此，为了收集准确的数据，有必要在调查员和被调查者之间建立一定的友好的关系，使调查顺利进行。两者之间结成的这种友好的关系叫作rapport。但如果成为过度的rapport，也是造成偏见的原因。（尾岛，1993：1463）

所谓rapport，简单来说，就是研究者在以人为对手进行调查的时候，为了顺利地推进这项调查，有效率地汇集准确的数据，调查者希望与被调查者之间结成的人际关系。这里必须引起注意的是，这种被称为rapport的关系，是为了"调查"这种目的，由研究者（调查者）一方的单向性的意图和期待构筑起来的关系。在调查开始的时候，为了建立这样的关系，研究者们需要日夜操劳。而且，为了获得面向"调查""研究"这种研究者一方工作的合作，这种关系的建立很多时候是有企图的、故意为之的。为了向原来什么关系也没有的人靠近，当然，只能带着某种计策去接近这些人。即便这不是全部的状态，在田野中的人际关系也并非是自然而然地"发生"的，毫无疑问存在着故意为之的"被创造"的情况。

研究者和田野的人们之间这种人为的关系构建，未必是能够被全面否定的东西。对以人类为对手进行调查研究的研究者来说，这是一种不可避免的操作。对此没有必要过于敏感，把它表达为"具有目的的不自然的关系建构"。但是，我们必须事先意识到，这种人际关系在很大程度上存在着根据研究者的目的和策划被建构起来的情况。而且，在严重的时候，可能具有欺瞒与你面对面的人那样的目的，对此，我们也必须引起注意。

出名

就我自己的情况，在小千谷东山这个田野中，偶然结识了接触当地人的引线人之后，就开始了调查。在那里，很幸运的是，对于调查很重要的一些人的关系意外降临。作为研究者的我，是不可能错过这样的机会的。在自己原本就感兴趣的传统文化的传承之地，我顺利地和当地人建立了关系。当然，我就以研究为目的计划对这个地区展开调查。

我以"调查"这种形式再次访问东山，实际上已是2003年秋天的事情了。小千谷的斗牛从每年5月开始到11月为止，在东山的小栗山斗牛场（小千谷斗牛场）举行，这一年11月的最后一场斗牛，我开始了在小千谷的斗牛的调查。斗牛会成员是由拥有牛的被称为"牛主人"的人，或者饲养牛的被称为"养牛人"的人[1]，还有虽然没有牛但进入斗牛场助牛威的被称为"势子"的人等所构成。"牛主人"大部分是"养牛人"，但有时候也有保管他人的牛并进行饲养的情况，这时，"牛主人"和"养牛人"就不一样了。另外，"牛主人"和"养牛人"如果参加斗牛，就成为助牛威的"势子"了。

当时，我的调查对象忠坊桑[2]一直照顾我，他曾经参加了2001年我的演讲会。他是管理"势子"的"势子长"，具有和谁都能马上融洽起来的亲和力，善于社交、善于照顾人，而且还是一个能说会道的大好人。现在，他担任斗牛会的执行委员长。小千谷的斗牛和其他地区的斗牛不同，因循惯例以不分胜负作为基本原则。当战斗中的两头牛互相对顶犄角达到最高潮的时候，在"势子长"的信号下，"势子"们向牛扑过去并拉开，以维持平局状态。"势子长"看准时机把手一举，被称为"纲挂"的"势子"就用拴牛的粗绳子套上牛的后腿。然后和其他"势子"一起把绳子牵拉起来，"势子"们就会被绳子拖拽，便可以制止住正在向对方进攻的牛。同时，为了保护自己一方的牛，被称为"抓牛鼻"[3]的人就猛抓对方牛的要害部位——牛鼻子，以此阻止牛的进攻。"抓牛鼻"大多由牛的所有者即"牛主人"或者其亲属以及具有亲近关系的人担任。终止斗牛并辨别分开牛以及抓牛鼻子的

---

　[1]译注："牛主人"原文为"牛持ち"，"养牛人"原文为"牛飼い"。
　[2]译注：在东山地区，互相之间习惯用屋号、名字、昵称、绰号等进行称呼，原文中又大多使用日文的片假名，所以翻译时使用了作者提供的相应的汉字。
　[3]译注："抓牛鼻"原文为"鼻取り"。

时机的重要任务，正是"势子长"的工作。因为忠坊桑担任着如此重要的任务，所以在斗牛的时候，实在没有办法平静地应付我的采访。

在进行民俗学的调查的时候，在调查对象的家里进行采访是常见的调查方法。因为在安静的场所能够平静地说话，所以即便是话语中的微小细节也能够听明白。打开记录用的田野笔记本，同时使用数码相机和IC录音笔等进行记录，是民俗学调查的惯用手段。但是，当时实际上是在斗牛正在进行的斗牛场采访。当然，如果斗牛对战开始的话，大家都会关注斗牛的进展，就不再是和我说话的时候了。所以没有办法，我只能和他们一起观看牛的对战。可是，在这个过程中，一般的问答会话其实是非常意味深长的——斗牛双方的牛的状况、对战的来历、牛以及"牛主人"的特征和评价等，偶尔夹杂着玩笑就交谈起含蓄而又深入的话题。

在这个阶段的调查中，重要的是与当地人关系的进一步深化以及多元化的扩展。在下一次来调查的时候可以配合访谈的人、好交谈并熟知当地传统文化的人……对这样的人，先将其定为大致目标，是这个时候最紧要的事情。这正是为了构建信赖关系的前期工作。从这一点而言，能够获得以忠坊桑为首的可以进行访谈调查的几个调查对象候选者，应该说是"成功"的了。

在斗牛接近尾声的时候，我有机会遇到了担任斗牛会执行委员长（现为会长）的泉坊桑。泉坊桑是忠坊桑从小相识的同学。对于我这个外来的生人有点儿厚脸皮地占据着总部席，他丝毫没有介意的样子，反而爽朗地和我打了招呼。东山人非常亲切好客，热情洋溢，对从外面到此来访的素不相识的人，以"来吃午饭吧！"打招呼是极为平常的事情，也会说："把这个带上吧！"大方地以当地农产品相赠也不是稀奇的事情。有时候还会说："住下来吧！"为初次到访的人提供一晚上的住宿。被认为是在曾经的日本农村中经常可见的款待客人之道，至今仍然散发着浓厚的气息。

泉坊桑也是这样一个充满好客精神的人物。在交谈了一阵之后，他邀请我参加了那天晚上的宴会。小千谷的斗牛会一般会在11月份，这一年中最后一次斗牛后的晚上，会兼带慰劳之意举行一次称为"纲洗"[1]的庆祝晚宴。原来都是在牛主人的各家中，叫上同村的斗牛朋友和亲戚进行的，现在是由斗牛会全体成员参加，借一个宴会厅之类的地方举行活动。但是，泉坊桑邀请并招待了素昧平生的我。就在这天晚上，我获得了与泉坊桑和忠坊桑以及其他斗牛会成员进行交流的机会。说实在话，就是当天晚上，我出名了。

"纲洗"的第二天。为了返回东京，我在小千谷站的候车室等待电车，从站前的出租车乘车处走来一个好像不认识的司机，他慢慢地靠近我所在的地方。他是穿西装制服的一位男士，说自己是"庆作"。就这一句让我一下子想起来了。

因为斗牛的牛是家庭中的一员、是家户的代表，所以使用作

---

[1] 译注："纲洗"原文为"綱（づな）洗い"。

为家户名称的屋号对牛进行称呼的情况很多。在新潟县，一般来说，为了掌握同族亲族形态，在相同集落以及地区中同姓的家户很多。因此，在日常生活中互相称呼的时候，仅仅使用姓氏的话基本上不起作用。因为对家户进行区别的时候使用屋号，于是，个人彼此之间在很多时候就以屋号或者First Name（以及昵称、绰号）进行称呼。

当时，和我打招呼的男士家的屋号正是"庆作"，他家里的牛也是用屋号称为"庆作"的。现在，我会叫他"爸爸桑"或者"爸爸酱"。虽然"爸爸桑"和我在斗牛场上没有进行过交谈，不过，他好像向近旁的朋友打听了我的来历。正好我在车站出现，他就过来打招呼了。这位男士家里斗牛的牛即"庆作"，它的战斗，对我来说也是记忆犹新之战。因为是一年中最后的最重要的一次斗牛，斗牛场气氛一时变得相当热烈。

自此以后，庆作一家（现在，尤其是我带着亲近之意称呼的"哲"或"哲酱"的这家儿子）和我之间的"关系"得到了进一步加深。当初，虽然只是研究者和调查对象之间的关系，但在相互不断交往的过程中，这种关系与仅仅只是调查者和被调查者之间关系相比，变成了另外的一种东西。这是建立在信赖关系之上的一种关系。我不想使用在东日本大地震之后被经常提起的，可以说是已经被用尽用烂了的"绊"这个纯粹的字来对这种关系进行简单的述说，但可以肯定的是，这是人与人之间、个体与个体之间在感情上相互连接的一种关系。

2.被地震侵袭的田野

田野变成了受灾地

2004年10月23日17时56分。发生了以新潟县中越地区为震源的震级6.8的内陆直下型地震。在小千谷市、长冈市、见附市周围，有68人死亡、4805人负伤（以高龄者和小孩子为主），避难居民估计最多有103000人。全部损坏和一半损坏的住房大约有16000栋。2011年东日本大地震造成的损害实在太严重了，虽然很多日本人对这次灾害（新潟中越地震）的记忆似乎越来越淡薄，但直到现在，对这个地区的受灾者来说，新潟中越地震灾害已经变成了他们人生中最大的事件。

小千谷市东山地区刚好在震源的正上方。地震导致这个地区损失了很多住房和财产，很多宝贵的生命也被无情剥夺。而且，很多斗牛的牛遭受了灾害。这次地震的时候，我正在东京自己的家里。即使在东京也感到相当程度的晃动，我至今还记得当时立刻就向屋外跑出去了。摇晃稍一平息，我回到房间马上就打开了电视。地震速报新潟中越地区发生大规模地震，还公布了小千谷等一些我所熟悉的地方的震级。不用说，我立刻就给哲酱以及小千谷朋友们打电话。但是，电话不通。然后，我再三思考，当前有什么可以做的。首先，我必须和小千谷的朋友们取得联系。通过想各种办法，我终于能够落实他们中的一部分人员平安与否。

在地震前，有一个学生和我一样也在东山进行调查。这个学生，直到现在大家还叫他"nabe"，是一个专业为地理学的硕士研究生，他为了完成硕士论文从茨城县来到东山。这个比我稍稍晚些来到东山的学生，我们是在斗牛场相遇的。

因为有个年轻的学生也在调查同样的事情，所以斗牛会的干部向我进行了介绍，就这样，我们互相认识了。我想他那里可能会有什么情报，于是就在地震的第二天给他发了电子邮件。但是，他也说还没有取得联系。我用"想到东山去"作为标题，又给他发了电子邮件：

> 去世的有东山小学六年级学生1名、五年级学生2名。肯定是去照顾牛太郎（注：在东山小学饲养的斗牛的牛）的时候，正好在学校吧？……太悲伤了！……我预定了去参加11月6日开始的今年最后的斗牛，但这已经不是斗牛的时候了。多半会中止吧！但是，可能的话，很想去探望大家。很想做些什么，但什么也不能做，真的令人着急啊！……如果有什么情报，请无论如何告诉我！（2004年10月24日电子邮件）

被大家称为"nabe"的研究生，在地震后的复兴过程中决定休学，他从2009年开始成为小千谷市的"地域复兴支援员"，活跃在东山地区的地震复兴现场。后来，他又移居到小千谷进行实践，这样巨大的变故和转机的到来，他在当时无从得知。

这封邮件发给nabe两天以后，我在报纸上得知去世的孩子中有一个是牛主人刚桑的儿子，同时，我也知道了刚桑妻子也因为

在综合学习课上正在对学校牛——牛太郎的饲养进行调查的东山小学校的儿童们。一个半月以后，地震夺取了孩子们宝贵的生命。在照片中间的是有希君。（2004年9月9日，小栗山牛太郎之家。菅丰摄。）

重伤住院。在电视新闻中接受采访的他的母亲，脸肿胀着令人心痛。就是算上"养牛人"，刚桑也是经历了极其悲惨体验的一个。真的在很短时间的地震中，人生完全被改变了。珍爱的儿子、家庭，作为生计的锦鲤，还有斗牛的牛，就在一瞬间全部都失去了。一个月以后的报纸上，刊登了如下内容的一则报道：

　　　　即便如此也要走向明天　新潟中越地震一个月

　　克服家人离世的悲哀、克服失去家还有工作的伤痛，许许多多的人在这一个月活下来了。新潟县中越地震所带来的伤痕实在是太深了。尽管如此，灾区还是要面向明天前行。

不停地奔波于现场　小千谷的星野桑

"积极地活下去吧！只能如此。"小千谷市盐谷养鲤业的星野刚桑（48岁），这样说服着自己。在上个月23日的前震中，星野桑的房子倒塌了，他和妻子圭子（49岁）、长子有希君（11岁）三人都被压在底下。虽然在附近的人的拼命救助下，他们夫妇得救了，但有希君却没有被救过来。

"是当场去世的吧？"他们虽然这样想着，那天晚上却还是不断地做着人工呼吸。

有希君说话时常有"我、我"的习惯，所以大家都叫他"久保"[1]，这是有希君的绰号。他是一个喜欢动物的善良的少年。"为什么不是我却是我的儿子呢？"在这一个月，星野桑的心一再动摇，"不想去参加市里的慰灵祭了，因为一想到儿子，又忍不住要哭了。"

但是，在他说服自己"不能死"的同时，他妻子由于也在震灾中受伤，半年内不得不住院治疗。好在他的长女（13岁）也来帮忙，幸亏她很健康。

我也被当地人的身影所激励。四面环山的盐谷在地震中被完全孤立，包括星野桑在内的全部51户（约190人）都被用直升机送到市里的中心地带进行避难。他们虽然各自都满怀

[1] 译注：日本男性说"我"的时候，发音为"boku（僕）"，由此起了"久保"这个外号，因为"久保"的日语发音为"kubo"。

痛苦，但在打扫、吃饭等当值工作上各尽其责，这是以团队合作渡过难关的一个月。

在这个团体里，也是地区会长的星野桑尤其发挥了重要的作用。救援物资的调配以及和市里的联络、交涉，与居民们进行商量……他连休息的时间也没有了。

"以照顾周围他人，来忘掉一切。"朋友这样的这一句话，星野桑铭刻在心。"儿子的死一生难以忘怀，内心的妥协还远未达成。"但是除了挺胸昂头以外，现在还有什么可以让他们活下去呢？（2004年11月23日朝日新闻朝刊）

能够和东山的朋友实际上取得联系，已经是11月初的事情了。nabe和我联系说，他和哲酱打通了电话，庆作的家虽然全部倒塌，但人和牛都平安无事，现在是在小千谷的综合体育馆避难，什么时候回家完全没有头绪，所以要在过渡安置房住一段时间了。在那之后，我也给哲酱打了好几次电话，但仍然打不通。

最后，nabe和我在没有和小千谷的人取得具体联系的情况下，于11月10日去了小千谷。我们并不一定能够做什么，即便如此，我们想去小千谷的心情还是占了上风。当然，我们也有很多的不安：什么都不能做的人去了灾区，是否反而会添麻烦、成为累赘呢？但是，现在已经不是束手无策待在东京不动的时候了。

在这样的状况之下，无论带着怎样的"研究"这个利己目的来到田野的研究者，或多或少都有心绪的变化。必须做点什么事情！有什么能够做的事情？这种对远离研究的行动进行摸索的情

整个住宅用地都跌入谷底的庆作的家。（2005年5月4日，中山庆作的家。菅丰摄。）

感，虽然有程度之差却是内心翻滚的东西。这和研究者立场什么的是完全没有关系的，而是一般人都具有的反射性感情之类的东西。我知道太多在东日本大地震之后，被这种情感所驱动而实际行动起来的研究者。这是一种让人与自然相面对的必然方向。更何况，就像田野工作者会把和自己有关的田野称作"自己的"田野、"我的"田野那样，大家在讲述的时候常常会附带着所有格。这里所说的"自己的""我的"这种（自以为的）思绪，终于酿成了"必须要做些什么"这种过度的使命感。

对我来说，能够和他们见面比什么都重要。这样可以直接面对面表达慰问。这是首先能够做到的事情。我事先预备了10份装入5000日元纸币的信封，然后按照见面顺序交给了对方。当然，马上就不够用了，但是，当时我所能够想到的就只是这种程度的事情。

斗牛与震灾

但是，虽说如此，我这个时候到访受灾地，也并不是说完全脱离研究者的立场和属性的情绪使然的行动。当时，我对作为民俗学研究者的专业性、技能的可能性以及有限性，还是具有相当的意识，对于探索在自己的职位上能够做些什么的目的，虽然有点模糊但还是存在的。之前，关于是否能够活用斗牛这个灾区的地域文化并和震灾复兴联系起来这个问题，我也给有可能进行协助的兽医学、动物学等认识的研究者和相关学会，发送了希望得到建议和协助的电子邮件，向负责文化财行政的熟人询问了支援的可能性。因为有几个熟人和我联系想了解灾区的现状，为此，我有必要对灾区详细的情报以及当地人的需求进行确认。所以，这样的探望慰问明显带着"调查"这个属性。我一边倾听着他们体验过的苦难一边内心为之振动，但另一方面又理性地记录着他们的心声。

我们乘坐终点为越后汤泽的恢复了的新干线，再从那里乘班车到长冈，然后租了一辆车回到了小千谷。我首先到的地方是一部分被救出的牛所在的牛舍。在那里，有一头被直升机救出来的横纲牛，它已经没有了往昔的面貌，这头衰弱不堪的横纲牛连站都没能站起来，最后，从它注视我的眼睛里流下了混杂着血色的眼泪。正在照料这头牛的一个年轻人，今天早上跟我说了牛主人的妻子和他交谈的内容："我一说它可能撑不过一个星期了（注：对牛主人的妻子），她就问：'如果死了怎么办呢？''唉，如果死了，只能用机器拖走了。'我这样回答。'尽管这样，也好吧，那就拜托您了！'她就哭着回去了。"

因为牛舍倒塌等原因，在山古志斗牛的牛63头中有16头、小千谷34头中有4头都死掉了。幸存下来的牛，在这个非常时期能否得到饲养很令人担心。饲养的场所，还有每天的饲料等都面临困难。

告别了牛舍，我赶往哲酱他们避难的小千谷市综合体育馆。救援的自卫队的车辆排列成行，气氛森严。入口处的墙壁上贴着避难者的名簿，在这里可以确认大家的避难位置。一走进体育馆，就看到很多受灾者混在一起，大家都是斗牛会的成员。庆作一家也在那里，他们好像是从东山小学的操场上乘坐自卫队的直升机来到这里避难的。他们在训练室的跑步机之间搭了床铺。这种时候只要一碰面大家就会悲伤难忍。虽然我并没有能够做什么事情，但是大家对我的到来都表示了感谢。这些都是受灾当时处于混乱状态中的事情。然后，接下来的话题……我想大体上应该是和很多受灾者互相交流的对话。

可是，让人意想不到的是，当时关于斗牛的话题非常之多，几乎超出想象。如果说这是当然的也未尝不可。在地震之前，我为了研究斗牛来到东山，一直听到有关斗牛的话题，所以东山的朋友们在看到我的时候想起了斗牛的事情，应该也是理所当然的。但是，这些话题却并不是因我而唤起的记忆，是源于他们自己对于斗牛所具有的意识化，实际上在当时的体育馆中这样的意识化已经非常明显。

只穿着贴身的衣服来避难的人挤满了体育馆。在这样的情况下，说实话，我当时认为斗牛是暂时不能恢复了，甚至有可能会到最坏的地步——也许这种传统文化也将消失不见了吧？当然，生活的重建是第一位的，对此，即便不是当事人也是能够理解的。现在不是考虑斗牛的时候，就连提起这样的话题我都感到是不谨慎的。但是，我的担心却是杞人忧天。即使生活被逼到如此的境地，关于斗牛、关于牛，他们也会积极主动地交谈起来。

地震之后，虽然发布了避难命令，但他们之中还是有些人最初不愿意离开东山。道路到处断裂，水电全都中断，在这样的情况下，哲酱和忠坊桑等人因为要照料牛想拒绝避难劝告，坚持在村落中留下来。但是，因为是行政的强硬命令，他们的想法最后没有得以实现。他们不得不留下珍贵的牛，自己下山了。而且，东山作为危险地区被列入禁止进入的区域，进入东山的道路上设置了警察的检查岗，路都被封锁了。

担心着牛的这些东山人，他们的不安和懊恼是多么地无奈啊！在东山的最深处有一个叫作盐谷的集落，据说平日里那里的养牛人如果看到牛自己走出村子，就会切断牵牛绳将牛放任于外。当我听到这个事情的时候，感觉是以牛为本考虑而采取的比较妥当的行为，但实际上对于他们来说并非如此。对养牛人来说，切断自己饲养的牛的牵牛绳并放任于外这件事情，等同于将牛杀死般痛苦。让牛脱离自己的手而顺其自然，以养牛的责任感论之是极为遗憾的事情，简直是一种极为苦涩的选择。

虽然有这样的养牛方法，但是从山上下来的养牛人还是不能够做到把牛放弃。他们在避难后马上互相商量，避开被封锁的公路，沿着熟悉的山道上山，重返遭到毁灭性破坏依然危险的村落，从10个集落中把牛拖拉了出去。然后，为了让牛得到临时避难，他们把牛安置在长冈市的一个家畜市场的系留室。避人耳目偷偷地上山，他们做好了遭受责难的准备。

20头牛避难于长冈 "牛太郎"确认平安 中越地震

中越地震中，被留在集落里的20头小千谷市的牛于28日被转移到了长冈市。出现死难者的东山地区东山小学用于综合学习而饲养的称为"牛太郎"（公牛，5岁）的牛，也被确认平安无事，这里可以看到过来观察"牛太郎"状态的儿童们的身影。

这些来自小千古市10个集落的牛被集中起来，用四辆卡车搬运到位于长冈市高岛町的新潟县家畜商协作组合的系留舍。20头牛全部都没有受伤，"虽然平安无事放心了，但一想到死去的东山小学的孩子……"，"牛太郎"的饲养人平泽隆一（35岁）说到这里一时变得沉默起来。

把牛留在集落里的那些养牛人从避难所回到牛舍，据说远的需要步行1小时以上，一天一次来给牛添加饲料。其中，

有的牛死了，有的牛被放弃于山上。（2004年10月29日朝日新闻朝刊，新潟版）

养牛人们互相换班寄居在家畜市场，照顾着斗牛的牛。

"一定要让斗牛恢复起来！年轻人都在努力呢！"坐在体育馆训练机旁的庆作家的爸爸桑，语气刚毅地说着。从后来他们所采取的行动来看，我才明白这样的语气并不仅仅是逞强。在我到访作为避难所的体育馆的那天晚上，牛主人、养牛人、势子他们都三三五五地到体育馆的入口处集合，坐在阶梯上开始商量斗牛的事情。几星期后要把牛从寄存的避难的家畜市场搬运出来、之

在避难所正在对斗牛的今后进行讨论的斗牛会成员们。（2004年11月10日，小千谷市综合体育馆。菅丰摄。）

后再找寻避难处的困难性、饲养工作的分担、对明年恢复斗牛习俗的展望，大家对此类诸多事宜进行了讨论。但是，在所有这些议论中一个大的前提，就是要把斗牛活动继承下去。要知道当时余震还在继续，对于失去了自己的家园、财产和工作的他们来说，按照常理，仅仅考虑自己的生活都已经是竭尽全力了。但即便在这样的不幸之中，他们仍然执着于继承斗牛的习俗。

第二天，我遇到了失去儿子的刚桑。他第一次被允许可以暂时回到被封锁的山上，碰到时他正巧返回到避难所。他正在接受新闻媒体的采访，说起了牛的话题："家里的牛一下子被压在下面了……今天终于把它填埋好了。"

在全都被毁坏的住所和牛舍中，他发现了儿子的双肩书包以及儿子疼爱的牛（称为"oyazi"）的断了的角。"作为遗物这次带回来了。"他这样说着。对他说些老套的简短的慰问之言，对于我来说已是尽了最大的努力。至今我仍然不能忘记，我当时顿感无地自容，便马上离开了那个地方。

后来，养牛人们总算找到了让牛避难的处所。虽然大家希望尽量把所有的牛都放在附近乡村的同一个牛舍中进行饲养，但因为没有找到这样合适的牛舍，其中一部分被长冈市和新发田市等新潟县牛生产者的牛舍收养了。还有一部分，由这些牛的故乡岩手县旧山形村的牛生产者领养，说"保管到春天"。另外，还有一些无论如何和爱牛难以分离的像哲酱那样的年轻人，租借了市内的没有毁坏的小牛舍，在大雪纷飞的整个冬季中自己来继续照顾。

长年持续饲养牛的养牛老手，对于他们自己的那股热情是这样说的:"眼前多多少少的分散饲养,是不得已而为之啊!即便如此,大家努力度过一个冬季的劲头是不会变的。不管去了哪里如何分散饲养,不管一个冬季干了什么,对大家来说,努力加油的心情是不会变的。我想,到了明年春天,大家又会在什么地方互相见面了呢!"

这次去灾区的慰问以及"调查",让我知道了对于他们来说,斗牛仍然是无法替代的重要事情,也让我明白了在他们复兴东山的共同生活的过程中,斗牛发挥了重要的作用。斗牛的复兴有助于震灾后家园的复兴,这样的一种可能性,我从他们的言语和行动中得到了确认。这些言语以及在那里被述说的地域文化的价值,需要向受灾地区以外的人们传达。而且,需要对他们的复兴行动进行支援的重要性和责任感,都是我通过这次"调查"所认识到的。从此以后,东山人把他们的斗牛复兴作为地域复兴的核心,展开了各种各样的活动。

3.研究者位相的转变

爱牛的一家

我是2001年初踏上这块土地的,并从2003年正式开始调查一直持续至今。在2004年震灾的那一年,我从5月份开始每个月为了斗牛往返其间。我并不仅是在斗牛场进行现场访谈调查,同时还个别拜访斗牛的相关人员,在他们的家里进行访谈。在斗牛的那一天,从清晨把牛牵到斗牛场开始,到在斗牛场的准备工作、正式斗牛过程以及斗牛结束后的酒宴为止，我跟着他们来回进行调查。在这个阶段的调查中，我每次都得到庆作一家的照顾和帮助。庆作一家都住在小千谷市东山的一个叫中山的集落里，是一个由庆作夫妇、儿子哲酱、女儿尚酱还有庆作奶奶组成的5人之家。这个5人之家全体成员对牛都有着特别的爱心。他们家的牛在家里有一个爱称，叫作"laku（乐）"，在小千谷的斗牛圈中拥有爱称的，除此之外应该没有其他牛了，足以想象庆作一家对这头牛的感情了。据说取用这个爱称的理由，是因为其中内含着让家人快乐生活的愿望。

开始饲养laku的是儿子哲酱，平日里照顾laku的也是以哲酱为主。哲酱简直是迷上了斗牛，他把牛的事情放置成自己生活的重心，每天农协的工作一结束就马上回家来照顾牛。庆作家里的这头牛，到我看到它前一年的斗牛的最终战为止，一直是以"庆作"为名的，而从我看到它这一年的5月份的斗牛开始，它已经继承了"小杉"这个名字了。这是因为这头牛从庆作家被卖到了浦柄（与东山相邻的西边的集落）的小杉家了。小杉一家是市内数一数二的经营建筑业的家族，其会社的社长从前就是一个斗牛迷，很早就拥有好几头横纲牛，于是"小杉"这个名字就成为小杉家在小千谷斗牛人中的著名屋号了。

牛主人大致可分为两种类型。一种是不管将来如何，精心抚养两到三岁幼牛，享受培育乐趣的类型；一种是经常求购横纲级的强牛，享受斗牛乐趣的类型。虽然现在后者已经越来越少了，但这种类型也是斗牛会的后援者形成所在。哲酱属于前者，小杉会长就应该属于后者了。小杉会长对于经过精心培育成长为横纲牛的"庆作"非常中意，就拜托持有家畜商许可证的泉坊桑从中斡旋进行中介。

当听说庆作家把laku卖掉的时候，我感到非常不可思议。庆作家简直就像家人一样爱护、饲养这头牛，而且，对于哲酱来说，laku是他亲手培育成为斗牛的人生中的第一头牛。所以，我不能理解卖掉laku的理由。后来我才知道，在买卖的过程中，是泉坊桑对哲酱说的一番话起了关键作用："你自己培育了这头牛，它又在你这里完成了精彩的斗牛，很享受吧！以后，是否也能让其他人得到享受呢？"

虽然斗牛的牛说到底是个人的私有物，但斗牛却是大家的事情。泉坊桑的这番话体现了他的斗牛观，那就是——斗牛的快乐也应该让大家分享。受到泉坊桑斗牛观的感化，哲酱决定把自己的爱牛卖给小杉家，同时也因此得到了泉坊桑的周到关怀，对买方的小杉会长，泉坊桑没有忘记要附加几个条件。作为中介买卖的条件，泉坊桑希望买方买到牛之后继续放在庆作家饲养，也就是说买方支付每月的饲养费，庆作家接受饲养委托，并且，以后也不再转手出卖。还有，如果对这头牛断了念想，就要将其返还给庆作家。同时，希望买方对于饲养方法和如何决定斗牛对手要尊重庆作家的意见，也就是买方一切都不要过问。一般情况下，拥有强牛的老板们，因为希望看到精彩的对战，往往会轻易地发表自己的意见。但因为非常喜欢laku这头牛，被迷住了心窍的小杉会长欣然答应了所有的条件。

　　仔细看一下这些条件就可以知道，买卖以后，这头牛的饲养方面并没有很大的变化。对于庆作家来说，也能够一直在家里继续照料喜欢的牛。还有，对牛的培育方法以及斗牛的作战方法依然可以像以前一样，以哲酱的一贯想法持续下去。庆作家更不用担心爱牛laku被卖掉以后去向远方的可能性。要说有变化的地方，就是庆作家以后不用负担饲养费用了，虽然有这样的有利之处，但取而代之的是爱牛的名字被改变了。因为取屋号为斗牛之牛的名字是家族的象征，为了获得这样的一种名誉感，牛的名字是非常重要的。如果从这一点来说，对于哲酱以及庆作一家而言，卖牛这件事情必定会令大家油然而生一丝丝寂寞感。但是，对泉坊桑的一番话产生共鸣的庆作一家应该是能够渡过难关的。而且，像这样被别人提出"让给我吧！"这种请求，无论是对于庆作一家来说还是对于laku这头牛来说，都是无比荣耀的事情。横纲牛正是因为得到了世人的认可，所以才会有这样的价格。更何况，这是迄今为止持续拥有横纲牛的著名屋号——小杉会长提出的请求，这加倍地显示了其荣誉的意义。

　　另一方面，从这些条件来看，似乎对于小杉会长来说，他仅仅是买了牛的名字而已。但是，即便如此，小杉会长还是想把laku作为自己的牛。现实中，这头牛看上去似乎只是名字改变了，而对于社长来说，是成功地把它归属于自己了，伴随着与自己同一化的享受感。周围的斗牛友人圈，当然也将这头牛作为小杉家的牛进行认同和评判。应该可以这样说，因为这次买卖，一头斗牛的牛所带来的让人享受、让人快乐的人间关系图，得到了进一步的扩展。

5月份斗牛的那一天清晨，我跟随在哲酱后面拉着laku向斗牛场走去。在斗牛场有一块暂时栓牛的"栓牛地"，在这里，虽然各家大致有使用习惯的地方，但基本上还是遵循先来后到，如果看到中意的地方，就需要早早地先去把牛栓好。特别是在夏季，如果不趁着凉爽的时候搬运，先择在背阴处栓上牛，牛就会疲惫不堪。斗牛场位于金仓山的山腹部一个叫作小栗山的集落中，如果牛从距离较远的集落过来的话，现在是装上牛车（家畜用卡车）进行搬运，而哲酱的家在中山，与小栗山集落相邻，就用人力牵着牛去斗牛场。但是，说是相邻近的村落，因为中山集落位于小栗山集落的下方，在将近1公里的弯弯曲曲的陡坡上，把体重接近1吨的牛牵拉上去也并非易事。斗牛的早上，在庆作的家里一定会煮红豆饭的。当时，庆作家的奶奶还精神矍铄，因为调查来到这里的我，享用了庆作奶奶帮我盛好的红豆饭之后，就跟着去牵牛了。然后，庆作奶奶和庆作妈妈在laku要出家门的时候就从走廊里露出脸来，大家会听到这样的送别之声："路上小心！加油！"

斗牛的历史

庆作家的父亲虽然从年轻时候开始就继承了家里的养牛工作，但在哲酱出生的时候，这个家已经不饲养用于斗牛的牛了。现在，斗牛的牛只是为了斗牛这个目的而饲养。据说，直到20世纪60年代前后，斗牛的牛是和肉牛一起饲养的。在过去，这个地区的农家经营着肉牛的肥育生产，作为小规模的副业。但并不是那种能称得上畜牧业的大产业，只是各家饲养一、两头牛那样的零星经营。并且，从这种生产中产生的牛粪之类的堆肥在当时非常珍贵，是那一带梯田稻作生产的重要的资源。斗牛的牛也同样具备了这些肉牛的功用。只不过到了现在，未去势的牛的肉质等恶化，这使得它们在市场上或被贱卖，或反而被收取处理费。但在过去牛肉还是贵重物品的时候，"未去势"本身并不会成为降低肉牛品质的评价。为此，根据肉牛价格行情的变化，尽管有的作为斗牛的牛还是现役选手，但它们有时候仍然被早早地卖掉了。

另外，斗牛的牛如果长大成材其实力被认可的话，就有可能被转卖给其他的斗牛爱好者。这从庆作家的牛卖给小杉家的事例中可以知道。这个时候，斗牛的牛就理所当然地可能获得比普通的肉牛更高的价格。也就是说，斗牛的牛既可作为肉牛出售，也可作为斗牛的牛出售，具有作为经济动物的双重价值。而且，对它的饲养也具有作为"职业"的若干意义。因此，在20世纪70年代以前，除非拥有优良的斗牛的牛，长期饲养非常罕见，一般在几年以后就会进行反复的买卖。就在庆作的家里，在这样的牛的生产过程中，虽然也延续了一段时间饲养斗牛的牛，到20世纪60年代便停止了对牛的饲养。

进入经济高速发展期，这个属于日本的中山间地区的农村也毫无例外地发生了过疏化以及农业的兼业化。也因此，承担斗牛的年轻人不断减少。而且，在同时期，作为地方产业的锦鲤生产呈现活跃景象，被锦鲤生产的经济魅力所吸引，很多农家开始了锦鲤的生产。其结果，就是养牛的经济魅力变得薄弱，肉牛的肥育生产逐渐衰退，与此同时，斗牛的牛的数量也日益减少，斗牛当然也趋于没落状态。

虽然当地人很自豪地认为越后斗牛具有1000年的历史，但其实斗牛的传承过程，事实上也是反复经历了荣枯盛衰的。根据震灾后马上和我一起访问小千谷的nabe的研究，二十村乡的斗牛进入近代以后，正如刚才提到的那样，受到经济状况和政治状况的影响，几度濒临中断的危机。因为明治维新后的禁止斗牛政策、大正时代因畜产兴隆导向母牛生产的情况、第二次世界大战后美国总司令部禁止斗牛规定等原因，这个地区的斗牛好几次迫不得已被叫停。（渡边，2009:227—237）然而，这块土地的人对于斗牛的执念又何止如此呢！即使遭遇断绝的危机，经过几年或者十几年之后，斗牛竟然可以复活起来。以比较近的一次来说是1967年，因为畜产作为经济活动越来越没有效应的原因，牛的数量急剧减少，也造成了斗牛活动的停顿。正是在这样的情况下，庆作家才结束了斗牛以及牛的饲养。

但是，尽管如此，二十村乡的斗牛也没有因此绝迹。进入20世纪70年代，在旧山古志村，斗牛作为观光资源开始受到世人瞩目。对此，作为实践民俗学者、以"旅行的巨人"成名的宫本常一作出了很大的贡献。宫本同时也是武藏野美术大学教授、日本观光文化研究所（由近畿日本旅行株式会社主导）所长，他于1970年到访山古志进行"调查"，并提出了进行观光开发的建议。其结果是，作为观光资源，斗牛被"再发现"了。（渡边，2009:236）于是，在1974年，包含山古志和小千谷东山在内的二十村乡恢复了斗牛，一直持续至今。但是，因为经历了几次停顿的教训，现在的斗牛的性质已经发生了很大的变化。如今，斗牛的经济性已被抹去，被纯粹的乐趣性活动赋予新的意义。当然，斗牛的振兴虽然产生了收益，但这些收益仅仅充当举行斗牛活动、维持养牛管理的经费已经入不敷出，对于牛主人和养牛人来说，其实并没有获得经济性的利益。倒不如说，如果没有来自推动观光事业的行政部门的补助的话，现在的状况就是要维持下去也是相当地不容易。现在，把斗牛作为"职业"立于生活的人，在东山完全不存在，他们以"即使不能因此赚钱，到底还是喜欢牛啊！"为行为动机，成为牛主人、成为养牛人。可以这样说，来自饲养斗牛的牛的经济性减弱的结果，是使得原来在斗牛中只占部分性质的享受性，反而成为整体的性质保留了下来，并越来越纯粹化。

哲酱的梦想

因为斗牛活动经历了这样的历史变迁，在庆作家，哲酱出生的时候已经没有牛了。而且，在他整个童年时代家里也没有牛。但是，在哲酱出生的那一年，1976年，与现在相关联的斗牛已经开始复兴。尽管自己家里没有牛，但他经常牵着同在中山住的牛主人丑藏的牛，这样，哲酱对斗牛感到很习惯、很亲切。牛作为村落的代表，当自己村里的牛出场的时候，势子一定会为了村里的牛从旁助威。为牛加油的时候，场上充满热烈的气氛。而且，同村的牛都是伙伴关系，同村牛的对战被称为"村牛赛"[1]，除非

---

[1] 译注："村牛赛"原文为"村ッコ（ko）"。

有特殊的原因，否则一般是要避免发生同村牛对战的。如果是初出茅庐的小牛的练习或者反过来两者都是横纲级的牛，观客们就情绪高涨，无论如何都想观看它们对战。除此之外，基本上是不会让同村的牛同伴展开对战的。这是伴随着牛的数量减少以及斗牛的观光化，即使小千谷和山古志各自的斗牛场被统合之后，至今在小千谷还一直继承下来的一种规范。

当哲酱还是孩子的时候，每到斗牛的那一天，他一定会和附近的朋友一起去观战。现在，在二十村乡，每年从5月到11月，每月常规的斗牛在小千谷市的小栗山斗牛场和山古志的池谷斗牛场两个地方举行。另外，只有9月还在山古志的种苧原的村庙会上进行斗牛。原来的二十村乡的斗牛，都是像种苧原那样以各个集落为单位举办的。小时候的哲酱，在举办斗牛的日子里，到处奔走，热衷于观看不同地方的斗牛。不嫌路远山陡，骑着自行车去观看距离中山十几公里的种苧原的斗牛，要说哲酱是斗牛迷，也就可想而知了。

哲酱小时候的梦想，就是要成为牛主人或者养牛人。对家里饲养着斗牛的牛的小朋友，他总是非常羡慕。在新式游戏和现代享受泛滥的哲酱他们这一代，对牛没有兴趣的人不在少数，但如果是庆作父亲那一代，成为牛主人却是他们的梦想，也是值得骄傲的事情。即便仅仅是牵了别人家的牛，已经是极大的荣誉了，就可以在学校里夸耀了。在经济高速发展期，有很多从当地去东京成为打工者以及集体就业者，在一些移居东京的人当中，就有对这样的梦想未能释怀，而在故乡成为牛主人的。这些住在外地的牛主人大都委托亲属和亲友饲养牛，每逢斗牛的时候，就在东京和故乡之间往返。这还蕴含着点衣锦还乡的意思。

对于哲酱来说，斗牛本身的乐趣当然是很重要的，但比之更妙不可言的是每天饲养牛的愉悦感。这种感触不仅哲酱有，小千谷养牛人都有。牛的饲养，需要每天早晚喂食饲料，还要处理牛粪等，是一种相当严酷的作业。夏天的时候，为了让牛吃上喜欢的新鲜青草，要去割伐山上的茅草和蔓草。而且，在陡坡上割草会搞得满头大汗，很不不容易的。到了冬天，必须铲挖掉被雪埋没的牛舍上的雪。这个地区，因为雪下得实在太多，扫雪根本无济于事。因为连家里的房屋都必须从雪中铲挖出来。另外，还有

正在抚摸爱牛 laku 的哲酱。对他来说，这是最幸福的时刻。（2005 年 7 月 2 日，中山庆作家的牛舍。菅丰摄。）

每天积累的甚至都没有地方放置的牛粪，也要处理，也是冬季的重体力活。养牛人对这样的辛劳不厌其苦，享受着与牛的对话，为牛的成长而喜悦。在小千谷，一年之中仅仅有7天才会举办斗牛活动，当然，在其余的日子里这些饲养作业就成为日常。如果不能够享受这种养牛人的日常，那是不可能成为养牛人。

在照料牛的日常劳作中，养牛人需要频繁地和牛说话。如果牛的进食状态不太好或者身体感觉不舒服的话，养牛人就会一边抚摸牛一边很担心地向牛询问。牛玩着装了水的水桶，顽皮地把它打翻，弄得周围一地水漫金山，养牛人就会像对待自己孩子那样对其加以斥责。这与都市中常见的宠物拟人化现象有些相似，但是如果认为是相同的话，还不应该如此轻率地加以断定。虽然养牛人以对牛进行细心照料为基本，但他们不太喜欢把斗牛的牛当作宠物对待。而且，他们一贯主张斗牛的牛不是宠物！事实上，他们对牛几乎不会溺爱，对牛溺爱被认为是不能使其成为大才的一个原因。如果看到有状态不好的牛，他们就会以疏远的方式来对待："那家人太喜欢牛了，过分溺爱是不行的！"如果考量一下精心饲养和溺爱之间的分界线，培育斗牛的牛与其说与饲养宠物相似，还不如说与养育男孩比较相似，在这一点上，倒是投射了在日本传统的男孩养育中所固有的男子气概。斗牛的牛全都是未去势的公牛。因为培育的首要目的就是使之作战，也就必然如此。

但是，从另一方面来说，牛也并不仅仅是为了让它们战斗而饲养的动物。如果观察一下哲酱，有时候可以看到，在给牛喂食后的片刻，他一直沉默地注视着牛，然后会突然笑起来。虽然对这笑容表达的意思，我现在已经能够了解了，不过在最初我并不理解他为了什么而笑。大多这个时候的哲酱可能意识到我在旁边，忽然会含着羞涩的微笑转向我。在养牛人当中，也有人把自己的牛称为"ozi"的。就像对人使用"ozi、ozi"这种爱称那样，对牛也这样很自然地叫唤着。在这个地区，"ozi"是家里人对次子和第三子的称呼。继承家业的长子被叫作"segare"，从孩子小的时候开始就被赋予特殊地位，而以下的次子和第三子因为将来是要离开家的，在家庭内相对来说比较被看轻。因此，不承担继承家业责任的次子和第三子与父母之间反而无拘无束，较易保持轻松的嬉闹关系。对于自己所饲养的牛，哲酱正是以这种亲近的目光凝神注视。

小的时候梦想成为牛主人、养牛人的哲酱对于斗牛的热情，并没有因为长大成人而冷却，反而变得更加热烈。他在高中毕业以后就参加了工作，他首先作为势子站在了小千谷的斗牛场上，开始了"纲挂"的工作。1997年，家里没有牛的9个年轻人共同结成了"北斗会"。因为这些年轻人中没有一个人拥有牛，所以他们需要共同购买牛并共同饲养牛。他们共同饲养的牛的名字叫"北斗"。令人遗憾的是，这头牛在经历了几年的斗牛后，因为事故折断了牛角，成了废牛。但是，"北斗会"这个组织作为当地斗牛会的年轻势子的组合，至今仍然保留着。年轻的斗牛会的会员不只是作为势子出场，他们还承担了斗牛的会场设置以及运营等重要工作。

在参与斗牛会工作的过程中，哲酱决定要成为牛主人，也就是说他要自己购买牛。就像前面已经提到的那样，庆作家很早就停止了养牛，家里已经没有放置牛的牛舍了，所以就需要从这些基础工作开始进行准备。哲酱的姐姐尚酱如今和弟弟一样迷恋上了斗牛，不过她在最初是反对养牛的。现在，她会拍摄斗牛的录像，是斗牛会场上不可或缺的人物，但在饲养laku以前，她几乎对斗牛毫无兴趣。哲酱说服了家人，终于在1998年6月实现了拥有牛（laku）当牛主人的愿望。

成为势子

田野调查中的一个方法称为"参与观察"。这就是"参加到对方的生活的文化和社会之中，可以说是站在局内人的视角和立场之上，但同时又以局外人的视角进行观察的方法"。（富泽，2011：113）以我自己的情况来说，震灾后不久，我虽然展开了涉及斗牛某些部分的"实践"，但这还不是可以被称为"参与观察"这种程度的东西。而且，参与观察是生动地理解文化细微之处的手段，我当时还并没有从一开始就有意识地进行计划。我的只不过是具有偶然性的一些"实践"，我也并没有由此想对什么进行"参与观察"的设想。

正如下面要提到的那样，震灾后的第二年——2005年的6月，避难地的临时斗牛场就恢复了斗牛。在那里，我最初进行的"实践"首先是帮忙进行会场设置，就是排列会场的钢管椅以及搭帐篷。这些看起来很无聊的行为，正是我震灾以后最初的"实践"。像这样微不足道的事情，若得意洋洋地用"研究者的实践"来表现的话，大概很多研究者都会露出大失所望的表情。但是，我当时能做的只有这些，我好像被必须做些什么的感觉所驱使一样，尽力而为。虽然并没有谁来要求我去帮忙，但对斗牛的准备作业只是站着看或者只是进行观察，那种生硬感促使自己去干些什么。或许是陈旧的说法，但我深感如果没有"共同流过汗"，虽身处其地却无处容身。这样的"实践"由激烈的情绪波动所引发，并不是带着明确的目的而展开的行动。从这以后，对那些正在为斗牛准备而辛勤劳作的斗牛会的人，我总算可以帮上一些忙了。

不过，斗牛会的人好像注意到了把田野笔记本和IC录音机、数码相机放进挎包里开始搬运钢管椅的我。因为自己笨手笨脚，临时斗牛场的红土弄脏了我的鞋子，可能是看不下去这种样子吧，哲酱主动和我联系了："老师您穿几码的鞋子？我送您一双畜牧靴吧！"虽然只是一双白色的高筒靴……（2005年8月22日电子邮件）这双尺码稍稍有点儿大的白筒靴，我直到今天还很喜欢穿。收到这双靴子，虽然让我沉浸于一种特别的感伤之中，但似乎也绝非难以想象。也许有点儿可笑，送给我白筒靴的哲酱无意间小小的关怀，却让我感受到了过度的感动。于是，我穿上工作裤，套上白筒靴，正式开始继续我的"帮忙"的实践。

这之后，在延续和他们这种小小关系的过程中，因为东山人的相邀，出现了进一步加深关系的机会。比如说，在帮忙设置斗牛场后，我在斗牛场的栅栏外眺望着场上斗牛的时候，像那些势子那样上场吧！他们好几次这样向我发出邀请，最后我就接受了。我意识到如果能够进入场内参与，肯定对他们所继承的文化会有更深入的理解。不过，我还是有点儿犹豫不决。像我这样的"外来人"，如果介入这种本质的部分，或许会被认为不太合乎逻辑。

在地震以后恢复斗牛的时候，一些外来的年轻的志愿者们与斗牛会的人熟悉起来，有的作为势子进入了斗牛场内，但他们不太明白斗牛场内的技法和行为方式，这种情景，有时候会让我有一种半吊子模样的异样感。而场内是当地人的势子们，具有源自从小的体验锤炼而成的身影、举止，这样的身姿本身也正是一种可欣赏的对象，他们并不只是追赶着牛到处乱跑。在那样的场景中，作为外行的我如果进入场内的话，那简直会成为漂浮着的存在，想起来就感到恐惧。

更让人顾虑的是关系到"文化的所有"和"当事者倾向"等类似的问题。经历漫长的岁月在这里被传承下来的斗牛文化，从某种意义上来说，应该是作为传承这种传统的当地人的所有物。作为外来人的我，是没有随意介入这种文化的资格和权利的。虽说这只是文化的一部分，但我是否有资格担负起他们的文化？为此，我感到有点不安。其实，斗牛会的人并没有把我成为势子这件事情看得有多么夸张或者多么麻烦，但作为一个民俗学研究者，我在这一点上只能变得敏感一点儿。后来，因为与斗牛会朋友们交往中的某个契机，我终于跨越了这种立场上的距离感。就像和参与帮忙一样，也不是事先有计划的，纯属偶然。

在临时斗牛场恢复斗牛后，第二年，也就是2006年6月，作为斗牛故乡的东山小栗山斗牛场终于重新开始举办斗牛活动了。

斗牛会的同仁们在地震后马上就打出了"小千谷、东山的复兴，从斗牛开始"的标语，大家对东山斗牛复兴的目标一往无前。因为大雪纷飞，修复工程迟缓，没能赶上每年第一次的在当年5月份举行的斗牛活动，但终于在6月份成功举办了。仍旧在临时斗牛场举行的5月斗牛大会前，斗牛会向观众们分发了如下的呼吁书：

终于要回到小栗山会场了！

去年（注：2005年）6月5日，小千谷斗牛在白山运动公园复活了，给很多人带来了勇气和笑容。斗牛的景象回到了小千谷，人们那种感动无以言表，就是现在想起来，那也是一场让人热血沸腾的斗牛大会……

下一次（注：2006年）6月4日的斗牛大会，时隔1年零8个月，终于将实现在主场的小栗山——小千谷斗牛场举行了。应该会有很多人怀着无限感慨迎接那一天吧！

我们在震灾中失去了太多的东西，也有很多东西再也回不来了。但是，正因为如此，我们将心怀大家的热情并继承前人的传统和荣誉，永不停步继续前进。

我们祈祷尽早恢复到从前，把斗牛作为一种极其自然的"日常的风景"。6月4日，当斗牛的吼声和势子们的勇气还有当地人以及观客们温暖的欢呼声在小栗山再次回荡的时候，我们又开始了新的征程。

这份呼吁书充溢着让斗牛回归故乡的东山人的气魄！

小栗山斗牛场恢复斗牛的当天，年轻的势子们拍的纪念照。（2006年6月4日，小栗上斗牛场。渡边敬逸摄。）

在5月斗牛大会上总算确定了在故乡举办斗牛的目标，那天晚上，泉坊桑把斗牛会的年轻人召集起来，举行了慰劳酒宴。终于努力达成了回到东山斗牛心愿的兴致盎然的年轻人，喝得酒酣耳热。但是，宴会过半，不知是谁说起了地震后的辛劳，让大家回忆起了灾后一年半的时光。大家就这样互相说了一段时间后，到现在为止的各种苦难和不幸记忆又全都再现。大概是感慨万端吧，一直活跃着的气势昂然的年轻人突然变得完全不一样了，一下子沉默下来。这之前的酒宴上的嘈杂气氛就如同是一种假象。虽然仅仅是短暂的一瞬间，但当时的酒宴上已经寂静无声。在场的我，当然也感同身受。于是，就像要缓解气氛那样，我不由得说出了口："在6月份的斗牛中，让我作为势子出场吧！"我就这样表达了我的请求。

我的请求马上被欣然接受了，酒宴仿佛什么也没有发生过一样，又恢复了原先的明快气氛，但我不由得反复思量刚才脱口而出的那个请求的分量。以此为契机，我成了小千谷斗牛振兴协议会的会员。作为一个民俗学研究者的我，成了被国家指定的"重要无形民俗文化财"的传承者，而这个民俗文化遗产却是我本来应该研究的对象。这对于小千谷人来说是一件微不足道的事情，但对于我这样一个研究者来说，却是一个很大的定位问题——关系到立场的转换。相对于一直以来从展开调查的一方对文化进行把握的立场，如果变成为继承者一方的立场，就必须对这种文化以及与此相关的人担负责任。

当然，包括文化人类学者和社会学者在内，研究者参与到研究对象的文化和社会中，这类方式方法并不是特别新颖。比如作为社会学者的鹈饲正树，在研究生时代就入门于关西的大众演剧，并和他们共同起居，在那里进行了一年多的演员训练，后以"南条正树"的艺名进行实际的演唱、舞蹈、表演大众演剧。在这实践的过程中，鹈饲正树以"南条正树"和鹈饲正树这两个"自己"为对象，成就了田野调查的杰出的民族志。（鹈饲，1994）研究者介入调查对象之中，与文化的传承者一起进行实践的这种活动，虽然数量并不是很多，但已经作为一种方法得以成立，但对我来说，我最初并没有试图进行协作实践的计划和意图，事实中具有一定的偶然性，我顺其自然地就与当时的场景发生了关系。在当时，我还没有形成应该预先具有的觉悟。

但是，尽管这样的觉悟还未成熟，但在作为势子和他们结成关系的过程中，这些自然而然地就被造就出来了。成为势子以后，7月份第二次的斗牛大会结束，哲酱带着爱牛laku回来，我跟在他的身后，我们一起踏上了回家的路。在精彩的斗牛以后，和爱牛一起走回家的路程，对于养牛人来说是最幸福的时刻。哲酱一边对牛加以犒劳、对牛说些称赞的话，一边回味着斗牛的情景慢吞吞地回家。哲酱也因为laku经历了一场精彩的斗牛，一个人在眉开眼笑。不过，当我们走下村子的斜坡时，他突然回过头来看着我："老师，要牵牛吗？"这是哲酱在问我，是否试着牵一下他自己的叫作"laku"的牛。能够牵上横纲牛laku那真的是很光荣的事

第一次让我牵laku。战斗结束的牛自己向家里走去。（2006年7月2日，中山。渡边敬逸摄。）

情。可是，毕竟是一头1吨以上的未去势的公牛！还是刚刚经历过酣战，余韵尚存的斗牛的牛。沿路又到处是悬崖。哲酱无视正畏缩不前的我："老师，试着牵一下！"他递上了牵牛绳。牵着laku（当时，应该是被laku牵着才对），一种难以形容的优越感油然而生——统御庞然大物的那种自豪感，以及刚打了一场漂亮仗的那种充实感。这样的感觉，我能够共有了。哲酱是想让我也品味一下这些感觉，而且也想把最幸福的时刻和我共同分享。自己的牛要自己牵，不想让别人牵——总是这样说的哲酱，却允许我牵他的牛。比起第一次牵牛带来的喜悦，能够获得哲酱的信赖更令人兴奋。

还有，那是同一年10月份的斗牛大会。正是斗牛最高潮的时候，泉坊桑突然命令我牵住他的牛并把鼻环拔掉。当他对我说出这句话的时候，我禁不住感到惊愕和恐惧。虽然哲酱让我牵过牛了，但那是在斗牛场外。对战之前，把牛向场内拉进去的"牵引牛"[1]的任务，通常是由牛的所有者即牛主人必须担当的任务，这是老规矩了。虽然是一个具有荣誉感的重要任务，但并不是一个从未正式牵过牛的我所能够胜任的。作为参与斗牛的实践，难度真的是相当大啊！不用说，我有点犹豫不决，不过，面对慷慨大方而且讨厌喋喋不休的泉坊桑，我无法抗拒。

鼻环，就是穿过牛鼻孔与牵牛绳相连接的细绳。双方互相牵引着牛向对方发出信号，然后解开鼻环并拉引牛，让两头牛互相

---

[1] 译注："牵引牛"原文为"牛曳き"。

对着牛头，这个瞬间，就要把鼻环从牛鼻子里拔出来。这是斗牛的时候最为紧张的瞬间之一。如果看错时机，被对方抢先一步扑过来，有时候就由此定胜负了。所以，失败是绝对不允许的。无论如何，这不是刚成为势子的人所能担当的。实在是责任重大。被泉坊桑命令之后，场上斗牛的其他技巧我都不看了，满脑子尽是拔鼻环这件事情。

虽然脚发软，虽然有点胆怯，但我从别人那里看样学样，总算牵着牛完成了拔鼻环的任务，那一刻我的安心感特别强烈。当时，我一下回过神来对周围的年轻人嘟囔着：很突然啊，叫我引牛入场和拔鼻环，不可能的吧？但我反而被他们说服了。对于牛

教我系绳方法的哲酱。（2007年6月3日，中山庆作家的牛舍。渡边敬逸摄。）

主人来说"牵引牛"的事情是不会让其他人做的，而泉坊桑却委托我担此重任，我必须要感谢他。这与以前哲酱说过的话很相似。我也同样获得了泉坊桑的信任。让我担任"牵引牛"的任务，并非只是让我牵引着牛，也是在向我传达一种信任或者有好感的信息。此后，如果被泉坊桑命令"牵引牛"，我当然就爽快地就答应了（虽然仍旧会有紧张感）。

而且，就在当天的斗牛场上，哲酱还让我牵引着laku环绕斗牛场。伴随着势子长的信号，被势子们强行分开的双方的牛，要重新戴上鼻环与牵牛绳连接。在对战结束后，和"牵引牛"一样，各牛主人在接受观众掌声的同时，会洋洋得意地带着自己的牛环绕斗牛场。哲酱把这个光荣的任务交给了我。这就等于很自然地在向世人宣告，哲酱和我具有深厚的关系。

> 昨天初次（注：拔）鼻环，辛苦了。啊，如果是泉坊桑的话，（对菅老师退缩的样子）……会摆出样子吧！但是，表示支持和牵牛绕场，谢谢！（2006年10月2日电子邮件）

斗牛的第二天收到的哲酱发来的邮件中，包含了对我作为势子所经历的几件事情的评价。尽管哲酱年纪还轻，但他是一个对斗牛的规矩、作法的传统非常讲究的人。虽然在这里大量存在着牛的牵引方法、场内的绕行方法、拔鼻环的方法、牛绳的连接方法等传统的细微技法，但实际上，养牛人和牛主人对遵守这种技法的意识程度因人而异。哲酱经常使用"习俗"这个词，认为如果违反小千谷"习俗"的话，"角突"就变成仅仅是斗牛了。哲酱以个人的意志成为牛主人和养牛人。在世代持续养牛的家里，从孩提时代开始接触养牛是极为普通的事情。虽然自然而然就成为一种惯性，不过从哲酱的情况来看，养牛以及参与斗牛的事情都是他自己有意识的选择，并且他又积极主动地学习了相关的传统文化。因此，与其他的养牛人相比，他更为强烈地执着于对牛的培育和斗牛活动，他对这个地区斗牛文化的传统性、本质性也极其敏感。这样的人，一般而言是绝对不会轻易地把自己的牛让别人（即便是关系好的友人）牵的，而且，即便是其他的牛，如果不是被合适的人来牵的话，也会被认为是违反"习俗"而招来反感的目光。

真挚的哲酱认同我承担泉坊桑的牛的拔鼻环任务这件事，并要求我牵着他的牛绕场，非常意味深长。对于地震前的交往以及地震后的我的行为，哲酱一直从旁观察，他认为我参与到斗牛中来并没有半途而废的意思和态度。这说明他已经明白了，我并不仅仅是在进行"调查"。我经常会意识到他的视线。从开始帮忙这种参与程度很低的实践到成为势子，在向下一阶段实践的推进过程中，我很慎重也很自觉地选择我的行为，但对我的姿态和行动，哲酱经常会进行评论。因此，他把评价发给我，并对我提出了要求。为了成为势子，学习相关的知识和技术是必须的，但哲酱还向我传授了斗牛的原理和价值之类的东西。当然，虽然这是无意识的行为，却引导我从外来人走向亲近的外来人的道路。

到了这个阶段，我与斗牛形成的关系已经从偶然性发展成为必然性，而且，这种变化让我的研究方式发生了质的改变。我对斗牛文化的介入给哲酱他们东山人带来了变化，而另一方面，这种变化又促使我自己发生了改变。

不能同一化的立场

如果接触到关于我的关系变化、心情的变化的天真记述，可能有很多读者会把我想象成一个幼稚的、自恋的研究者吧，甚至可能会一时感觉不舒服吧。并且，如果是一个敏锐的社会科学研究者，对掉入"over-rapport（基于过度融洽的有问题的同一化）"陷阱中的我，或许会认为有点不合适吧，或许还会以冷谈的态度对待吧。面向研究对象自我投入，将会导致研究者丧失应有的冷静度和客观性，导致其目光短浅而又自以为是。我应该或多或少陷入到这种骄傲自大之中了。

但是，对在地震后进一步加深关系并将自己移入的我来说，这是一种不可避免的变化。而对于在那里涌现出来的不完全的连带意识以及自我的同一化，在我意识到自己的他者性（外来人、新来者）的同时，其作为一种无法倒回的意识已然在我心中内在化了。只是，这种意识说到底是我个人的意识，与我周围所处环境的的意识是完全不同的。由此导致我的行为与我的想法相反，我在东山人之间多多少少产生了违和感。

在进一步加深对人和地域的文化参与的过程中，不能只置身于牧歌式的干净的环境之中。我也遇到过必须深入感受的与易于对话的状况不一样的局面。在我的调查向实践升华的过程中，虽然我和斗牛会朋友们通过相互行为自然地建立了和睦关系，但是，这种亲密感并不是在我和所有的东山人以及斗牛会朋友之间互为共享的。这在一般的日常人际关系中也是同样的，人际关系有亲疏之分。当然，我和东山人之间也会有无意识的亲疏关系。如果关系亲密，像已经提到的那些感情就会互相共享，产生亲密的氛围和共同意识；但如果关系比较疏远，则不仅缺乏亲密感，他们还会对我的事情产生"嫌弃"的感觉。

斗牛会成员们具有很强的团结心，他们因此形成一种相当紧密的关系，当然，他们对斗牛的思考方法、互动姿态以及参与方式是不同的。从远处看，人与人之间的关系以及价值观似乎坚如磐石，但从近处看，可以窥见人际关系的亲疏以及价值观的异质性。而且，我和某类特定人群的亲密关系的建立，也可能导致我和除他们之外的人群之间产生相对的非亲密关系。

本来，作为研究者的我必须保持一定的距离感，应该不偏不倚地接触各类人群。这样的话，作为一个研究者应该是"安全"的。但是，对已经以个体的行为带着个体的心情展开了普通的交往的我来说，要保持那样的距离感已经不可能了。而且，如果刻意地去保持这种距离感，反而让人感觉是一种不自然的行为。他们自己在日常生活中，也是在具有自然的亲疏关系的社会中生存。

但是，我所要求的自然的距离感，导致了在我和某些人之间的非亲密性的产生。并且，这种非亲密性唤起了对我难以回避的"外来人"这个属性的不信任感。在我被泉坊桑要求拔掉鼻环的那一天，我被一个朋友叫了出来并告诫了一番："有些人不管参加多少年的斗牛也从来没有担任过这样的重任。尽管如此，才刚刚开始接触斗牛没有几天的人能够登上舞台，真的很特别啊！注意不要占人家的好处。"

正如前文叙述的那样，承担拔鼻环的任务并不是出自我的意愿。我只是按照命令接受了这个任务。我自己也认为担此重任有僭越之嫌。只是，对委我以重任的人的自然的期待进行回应，我以为是符合我的立场的，仅此而已。但另一方面，在我与特定人群建立亲密关系的过程中，引起反作用似的告诫之言，也自然而然地会在人心中翻腾。而且，这并不是因为这一个人的特殊的感情和感觉而产生的反作用。在漫长的历史过程中从祖先那里继承下来的自己生活的地方的文化，现在却被外来者所介入，人们对此总会产生想法。这是从把斗牛文化当成自己的东西的普通感觉（虽然我对此也很尊重）中产生出来的想法。在对我的信赖感偶然形成的过程中，其背后肯定也会有很多人对我产生异样的感觉。

有一次，我无意间向一个关系很好的斗牛会的年轻人提到："最近某某桑没来参加斗牛啊。"因为这个人直到数年前还拥有斗牛的牛，也一直积极参加斗牛会。那个年轻人很自然地说了下面的话："肯定是因为外来人也加入了斗牛，不好玩了吧！我也是这样想的。"

很干脆地说出来的话，对我而言非常尖锐。最近，除我以外，东山以外的人也有成为牛主人并参加了斗牛的。对此，很多东山人是表示支持的。另外，现在，斗牛会欢迎东山以外的人成为牛主人，他们也为这些人加油。但在其背后，作为反作用，具有产生异样感觉的可能性。回我话的这个年轻人想起来我也是个外来人，想掩饰什么似的赶紧接着说："老师您是不一样的啊……"但刚才说的话肯定率真地表达了他的心情。这样的心情，平时不太会坦率地吐露出来。

对于平时隐藏在人际交往背后的人的心情，立志于实践研究的研究者必须要有敏感性，必须要从正面接受这种感觉。只是，虽说理解了这种感觉，但还是不要认为可以轻易地去改变它。当然，这种感觉在我和东山人的相互行为的脉络中是可变的，今后，它将发生怎样的变化都是未知的。在从事地域的知识生产和社会实践的时候，这种碰撞自我的多面性的、可变性的感觉互为混杂，需要有置身其中的自觉和觉悟。

进一步来说，无论多么深入到地域社会中去，即使加深了与当地人的关系和交往，即使研究者自我感觉如此，但实际上研究者应该自知和那里的人是不可能达到完全一体化的。这是理所当然的，因为我是在其他土地上出生，在其他土地上生活的"外来人"，不管怎样做，都不能与当地人完全处于同一立场。无论在什么地方，即使有长久的交往史，都不可能和当地人完全同一化。而且，我认为还是不要以为和他们可以轻易达成同一化为好。最终，只能是无论靠近到什么程度都不会一致的"渐近线的接近"而已。

但是我认为，即便是在渐近线上，与人接近的事情对于田野工作者来说是很重要的。所谓"渐近线的接近"，就是"首先要认识到无论怎样去和人们接近，即使向人们移入自我，也不可能与他们完全同一化。并且在这样的认识之下，通过不懈的努力，更加深切地理解人们所持有的想法和价值的方法"。这是基于共感的东西，是为了共享人们所处的状况以及他们的感情和感觉的一部分的挑战。并且，在这个过程中，在另一方的人们，也是他们为了共享理解、思考、言论、行动的资格的挑战。

置身于这样的接近与不一致的矛盾状况下，研究者必须对其行为举止和言论进行选择。但是，如果仔细想一想就可以注意到，这种选择不只是在田野这种地方，而且在我们日常的生活中也存在。总之，在地域社会中的知识生产和社会实践是在日常的普通的感觉和价值观中互相进行交换的事情。实际上，那里所有的，只是普通的自我与他者的关系而已。

买牛

建立亲密关系的背后生成人们无言的违和感，当我看清楚这一切的时候，我应该分辨作为外来的研究者的立场，把"调查方、被调查方""描述方、被描述方""研究的主体、研究的客体"这些关系珍存起来，并在维持这类关系的同时选择研究这个方向性。但是，我已经克服了这些关系，走进了作为描述对象的人群，所以我选择了置身复杂的人际关系中进行实践研究这个方向。因为在那里，已经不能把斗牛以及围绕着斗牛的人仅仅当作研究的素材、客体化的素材来对待了。这样的变化也是在和哲酱他们相互交往的过程中产生出来的。

成为势子后不久，我自己也想拥有一头牛，就是说我有了想当牛主人的愿望。这也和成为势子的时候一样，不是来自对自己参与的文化进行单纯地学习这种原有的"研究"动机的一种策划，而只是在与以哲酱为主的东山人的持续关系中自然而然地涌现出来的一种热情。一旦和斗牛发生了关系，希望拥有一头牛的想法对于与斗牛相关的人来说是很自然的事情。

当我把"我想什么时候和哲酱一起拥有一头牛"这句话说出口的时候，哲酱给了我可靠的回答："如果是老师的牛，那就我来饲养吧！"在当时，虽然我并不是在说具体什么时候要买牛，只是表达将来有一天能够拥有自己的牛的一种希望而已，但对于我脱口而出的这种愿望，哲酱却认真地记在心里了。

2006年10月。斗牛会的人都出门到岩手县去看牛了。人们在那里决定了明年要引进的幼牛：过去一直没有牛的吉坊桑的牛，还有老年四人组共同所有的牛等。哲酱也去看牛了，哲酱在岩手县看中了一头牛，并马上给我发来了附有照片的邮件：

昨晚和上君（注：斗牛会的人）一起去了南部（注：岩手县），刚刚才回家……是，它就在那里，好牛啊！而且有两三头！哦，真想把它们引进到小千谷啊！（2006年10月9日1点50分电子邮件）

我马上试探着问："要买吗？"但是，哲酱却说：

照片上的牛是红毛的短角！……一副马上要吵架的样子，

真是很帅的牛啊！因为是旧手机，像素不太好……真的很遗憾，引进的话风险太大了！至少要先决定建造牛舍的土地！时机还是有点儿不成熟。只是，虽然现在说为时过早，状况还不明朗，但如果能够饲养的话，牛的命名就拜托了！明年会有补助，我想无论如何要在明年必须建好（注：牛舍），这样就可能变得现实起来。（2006年10月9日19点电子邮件）

虽然发现了有前途的幼牛，但那个时候哲酱还生活在灾后的临时安置房。山上受灾地的牛舍放入laku就满了，再要买牛就没有饲养的地方了。考虑一下现实的生活，还为时过早。如果家园得到重建，相信到那时候一定会再遇到好牛。慢慢考虑吧！结论就是这样。虽然哲酱有点儿牵肠挂肚，但因为没有牛舍，只好放弃。

然而，本该因为"现在说为时过早状况还不明朗"而放弃的哲酱，实际上并没有完全放弃。开年后的1月22日深夜，哲酱突然打来了电话。他一开口就说："老师，还是忘不了那头牛啊！"原来，他自从去岩手县看牛以来，无论如何也不能忘记自己见过的那头牛。虽然有设施方面等的现实问题，但他说可以把地震中没有损坏的拱形车库改造成牛舍。尽管一开始有点儿犹豫，但我马上就同意了。于是，事态急转直下，购买牛的事情就这样决定了。

为了进行详细说明，到了第二个月，哲酱就来到了东京。他一边给我看手机里看中的那头牛的照片，一边兴奋地说着这头牛的发展方向。这头牛已经被泉坊桑事先付了定金得以确保。泉坊桑在地震后很期待斗牛的复兴，为了引进更多的牛，他就豁出私财购买了好几头斗牛的牛。把它们介绍给当地人以增加牛的数量，这是泉坊桑的心愿。哲酱看中的牛也是泉坊桑给他们那里的人张罗着预定的。所以，必须要让他先同意把这头牛转让给我。听了哲酱的话，我当场就给泉坊桑打了电话说明了情况，并希望他无论如何要把这头牛让给我。泉坊桑似乎隐隐约约已经知道了哲酱想要这头牛，他毫不介意我性急的要求，一锤定音，爽快地答应了。

现在，这头牛成了哲酱和我的爱牛，它的名字叫"天神"，在庆作家还有个爱称——maku。多亏哲酱的精心培育，在2012年，这头牛8岁时候，它被斗牛会选为当年最优秀的牛，成为一

天神和我。（2012年10月7日，小栗上斗牛场。室井康成摄。）

头勇猛的斗牛之牛。但是，在这头牛3岁时，购入的当初，根本没人想到它会成长为一头具有如此实力的牛。一直到购入为止，看起来是顺顺利利的，但实际上购买牛这样的事情远不是那么容易的。设备的问题、购牛费用的问题，还有作为研究者涉及过深的问题。饲养斗牛的牛，当然意味着要长期和斗牛发生关系。3岁时被领养回来的牛长则可以活跃到15岁左右，要饲养的话，就意味着将要牵扯十几年的时间。作为研究者的我，除此之外还有其他作为工作要进行"研究"的田野以及工作。在今后十几年的时间中，我每年从5月到11月的每个月都要到小千谷"必须"去参加斗牛。

但是，在这里以引号使用"必须"这个词，是因为并没有谁强迫我成为牛主人，我确实有点儿自不量力。只是，保持对地域文化有责任的持续关注和研究者的生命历程这两者之间的整合性，与其说研究者的，不如说是作为一个人必须具有自觉性的重要事情。就说东山人，因为他们自己日常生活中的各种情况，即使非常希望拥有一头牛，但也有人不能满足这个心愿。只有想方设法进行妥协的人才能够养上牛。和他们完全一样，我也有进行妥协的必要。并且，虽然妥协的方式还不成熟，但作为这个文化的参与者，我有可能将自己的研究转向现在的实践研究，这个研究就是：与当地的人们一起对地域文化进行共感、共愉和共创，同时对从中发现的诸多问题进行考究。这也是把至今一直在进行的调查和研究中的不当然的部分进行自觉地重新审视的一项工作。而且，这并非是我为了最初的希望而计划和设计的研究方向，是我在与人相关联的过程中所发现的"我"的研究的方向。

4.实践中的政治学——震灾后的"大写的学问"

研究者、专家的对应

2004年11月，我结束地震几天后的慰问兼"调查"返回到东京，马上向事先取得联系的熟悉的研究人员报告了斗牛以及地方锦鲤产业遭受巨大灾害的情况。当前，确保一个冬天的过冬的场所和费用是最紧要的问题。我还恳切地表达了募捐等方式的资金支持的必要性。幸运的是，这些研究人员迅速地行动起来了，人与动物关系学会、生物文化志学会、农学会（财团法人）共同举办了募捐活动，为了把受灾情况广泛传播，他们还马上决定邀请受灾者代表到东京召开研讨会。

当时，小千谷正在开展临时住宅的入住工作，所以东山方面希望等入住工作结束以后再召开研讨会，虽然实际的举办时间是在第二年的1月份，但因为有关人员在研讨会召开之前就奔赴现场进行了调查等工作，准备工作被稳步推进。在灾区的生活还无法稳定的情况下举办这样的活动，是否过于草率呢？对此我很担心，就有点顾虑地向泉坊桑试探："虽然是外来者自作主张，但为了明天斗牛和锦鲤的复兴，为了明天小千谷东山的复兴，我们很想尽自己所能做些事情，请您酌情考虑这份心意！"（2004年12月13日书信）泉坊桑非常爽快地同意了。

研究者和专家在这种时候的反应是不一样的。既有很快就认清问题的紧迫性积极地进行参与的研究者，也有认为"反正是他人的事情"佯装不知的研究者。震灾后，在各项事业得以推进的过程中，我深切地感受到了研究者之间的温度差。令人悲哀的是，积极响应这次活动并实际使之启动的却是专业的民俗学以外的研究者们。民俗学曾经作为"野之学问"对地域文化进行考究，民俗学研究者们应该通过田野调查以创造"调查者、被调查者"以上的人的关系为理想，但是，以此为理想的民俗学研究者们，却出乎意料地冷淡。

当时，我担任日本民俗学会的理事。当然，我在理事会上呼吁对受灾地进行支援的必要性，并提议就支援策略进行探讨。我想是可以得到很多人的赞同的，考虑着马上要开始行动。但是，这个想法太天真了。

"因为那里是您菅老师进行田野调查的地方，所以要支援吗？""难道在世界各国发生的灾害全部都要支援吗？这不行的吧！""这样的事情应该花点时间慢慢讨论！"从这样的意见到那样的意见，甚至，连这样的意见都说出来了："菅老师在研讨会上是要捧着募捐箱吗？"当然，我进行了强硬的反驳，但在这个理事会上没有一个理事赞同我的提案。结果，日本民俗学会作出了不进行回应的决定。

作为"野之学问"，曾经为了建构从人生活的近处开始成立、贴近人的日常生活这样的学问世界而被创造出来的"学科"——民俗学，不知从什么时候开始将这样的世界仅仅视为田野，变得像要抛弃似的具有了距离感，对此，我感到既惊愕又失望。在这里，人们缺乏对于生活在地域上的人的现状进行想象的能力，甚至连同情这种程度的平常的感情都没有。

而且，民俗学曾经是与"民俗文化财"之类的政府公共部门的文化政策和活动密切相关的学问领域。为此，我向之前相识的文化财行政主管者就有关支援的问题进行了咨询。如上所述，二十村乡的斗牛已经被指定为国家的"重要无形民俗文化财"。当然，对于斗牛文化的保护和其将来的去向，作为所属管理机构应该有所关注。为了地震后不久的"调查"，在我前往小千谷访问的前一天，我向这位文化财行政主管者发送了如下邮件：

> 我是东京大学东洋文化研究所的菅丰。百忙之中打扰您，很对不起！今天有事相托，是关于对小千谷市山古志村支援的建议以及其他事情的请求。
>
> 前几天见面的时候我也告诉过您，在这次新潟中越地震中遭受严重灾害的小千谷东山地区、山古志村，这几年以来我一直在进行传统的角突（斗牛）和锦鲤的调查。
>
> 受灾地区就像电视、新闻里报道的那样，遇到了巨大的灾害，很多人去世了。我认识的一个牛主人的孩子也被压在房子底下去世了……而且，这个地区也受到了巨大的经济打击。房子有的倒塌，有的被冲走。宝贵的锦鲤和牛也有很多已经死掉了。
>
> 锦鲤和牛对这个地区的人来说，比经济的支撑使他们更具有在这个地区生活的意义和自豪感。现在，这种人类和动

物的深厚关系即将中断······正如您所知道的那样，这里的斗牛已经被指定为国家的重要无形民俗文化财，但现在正在遭受严重的破坏。对他们来说，作为国家的重要无形民俗文化财的"牛的角突"，曾经是他们村落的骄傲。

伴随着过疏化、高龄化的推进，在作为典型的中山间地区的农村中，它是吸引年轻人、有活力的文化核心。它不是进入博物馆的文化财，可以说，事实上，它是文化财在生活中鲜活的、典型的例子。但是，这样的文化财面临着存续的危机。

对于这样的事态，管理着民俗文化财的〇〇〇（注：部门名称）会采取怎样的对应，或者今后是否会有支援的可能性，关于这些问题，我想向您请教！于是，就冒昧地和您联系了。

在这个非常时期，对于那里的人和动物的关系和文化，我想应该进行保护。"在这个非常时期，动物什么的以后再说吧！"也许会有这样的态度，但是，这个地域的牛和锦鲤，是比家养动物、伴侣动物更重要的存在。在这个非常时期过后，在他们再次站起来开始日常生活（这个时期是最漫长的）的时候，牛和锦鲤将成为他们极大的激励。这样的意义，我认为是成为作为现在的资源的文化财所存在的理由。斗牛，作为小千谷山古志复兴象征的文化资源，具有极大的活用的可能性。

因此，我们想借助〇〇桑的力量，能否在〇〇〇（注：

部门名称）中提出议案？还有，是否有可能得到一些支援和协助？我认为或许这是文化财（特别是无形民俗文化财）行政所面临的新局面（对于有形文化财是有修复这个概念的）……我打算从明天开始去小千谷现场，以确认当地的需求。我已经知道，牛主人们都在综合体育馆。周末从现场回来以后，我会再与您联系并向您汇报，敬请多多关照。（2004年11月9日电子邮件）

当晚，我就收到了这封邮件的回信。这个主管者也很担心震灾的情况。但是因为是非常时期，就没有去现场，而是打电话对情况进行了确认。目前，他只掌握了提出受害报告的案件，并且说就在当天也有来自农林水产省关于对斗牛的牛是否有支援办法的问询。虽然这个主管者自身也心有所愿，希望能够给予一定的支持，但是，制度上却又是非常困难的。按照他的叙述，现在的文化财保护制度，是以重要文化财、国宝、美术工艺品和建筑物等有形的东西为对象进行设定的，对无形民俗文化财有可能进行的补助，只限于用具、设施的修理以及新制作的东西，而且也规定为是直接用于祭祀、仪式、艺能等活动方面。因此，现实面临的问题是，作为"生物"文化的斗牛在现行制度上什么支持也得不到。

这个主管者虽然对我有所承诺，说要跟相关部门讨论这件事情，但之后我们就没有什么联系了。当然，文化财行政主管者对制度的理解和判断是不会错的。在坚固的文化保护主义、优品主义的基础上成形起来的、僵化的现行文化财保护法之下的行政举措，就会出现这样的向无形文化（被这样定位的）对应的困难性（到了东日本大地震的时候，总算是改变了方向）。我也非常清楚这个法律的极限性，也正因为如此，我在给他的邮件中特别地写道："我认为或许这是文化财（特别是无形民俗文化财）行政所面临的新局面（对于有形文化财是有修复这个概念的）。"

对此，即使民俗学学院派把民俗学应用于现实社会的公共部门，也无能为力。民俗学研究者虽然对地域文化很关心，但对保持这个文化的当地人却并不是那么关心，这种状态，我虽然在以前就有所感触，但连非常时期都没有掀起对保持文化的人和他们实际生活的关心，对此我深感愤怒！固然，在离"野"而去的民俗学在其学问基础上，就没有具备对社会和人类作出贡献的研究方法。并且，研究者即便为了田野调查奔向地域社会，通常也只是收集了必要的情报又赶紧返回研究室，对这个地区的人的现实生活毫无兴趣。我本人，作为一个这样的民俗学研究者，至今在很多地区也是如此，在小千谷以外的地区现在也是同样的方式。如果带着自我反省之意来说的话，这就是远离"野"的我们民俗学研究者的本性。

但是，对于"我"而言，只有东山人，他们已经不可能再是视而不见的存在了。当然，东山是与我相关的"我的"田野，对我而言，这些问题毫无疑问可以当作颇为个人化的问题，不过是以地震这个非常时期为契机，通过共感并伴随着伤感，在我的心中油然而生而已。那大概只是我个人的特殊体验吧。但是，在东日本大地震中很多研究者也经历了同样的体验，同样也把地震当作自身的问题来对待，从他们付诸行动的状况来看，还是作为相当普遍的现象进行把握为好。因为某个重大事件（灾害和战争等）而带来的研究者的变化——如此紧密的切身体验，是在与人面对面的时候，让研究者充分思考、重新思考自己的定位和立场，并对自己的学术行为进行重新审视的大好时机。

我不是受灾者。但是，以灾害为契机回顾自己的立场和行为，以及因为灾害而发生的转变，从这一点来说，毫无疑问，我也是受到灾害影响极大的一个人。

面向复兴的行动

地震发生3个月后，2005年1月，由人与动物关系学会、生物文化志学会、农学会（财团法人）共同举办的"中越地震紧急研讨会——守护无形文化、学习斗牛和锦鲤的教训"在东京召开。这次以支援东山复兴为目的的研讨会，集中了泉坊桑、哲酱等斗牛相关者以及锦鲤相关者，大家介绍了现状以及面临的困难，并探讨了将来的支援问题。他们说明了斗牛现在所处的危机状况，并表明了渡过危机力争地域复兴的决心。"在我出生的时候开始，家里就有锦鲤和牛……"如此强有力的泉坊桑的发声，并不仅仅是对地震前的怀旧，也让人预见从今以后的行动。

他们回到新潟后马上开始制订复兴斗牛的具体计划。不过，前景不容乐观。在2月的斗牛会干部会上，虽然大家决定了在年内让斗牛重新启动，不过日程未定。最初，大家希望利用信浓川河岸的开阔地带与山古志的斗牛共同举行，但由于大家决定山古志的斗牛最终在长冈市内单独举行，这个合作方案随即被取消。但东山还是禁止入内的区域，当然还不可能举行斗牛活动。为此，关于临时斗牛场所的问题，斗牛会干部会上进行了持续的讨论。

进入4月，有了来自哲酱的近况报告，哲酱说他已经把牛送回到东山自己家的牛舍了，同时还发来了laku的照片。庆作家的房子连同地基下滑至谷底，只有牛舍的那块地总算还残留着。现在，庆作一家暂时寄居于城里的亲戚家，不可能一直把牛放在借用的牛舍中，不得已，他们只能让laku回到东山。

总算让牛回到了山里。虽然从某种意义上来说是把牛置于危险地带了，但对于牛来说山上的环境是最好的，为了让它具有战斗力，首先第一步是要保持万全的状态。现在，因为还处于避难劝告中，偷偷地回去喂牛很辛苦。以后再及时报告情况吧！（2005年4月4日电子邮件）

从这封邮件中，可以感受到他的苦恼以及为了消除这种苦恼而对复兴表现出的信念和热情。在这之后，两周后的斗牛会总会上决定了6月5日举行这一年的第一次斗牛活动。虽然比往年晚了一个月，但因为一直难以确定临时斗牛场的场所问题，也是没有办法的事情。斗牛场借用了小千谷市白山运动公园的一角，事情总算有了着落。于是，散养于各地的牛也陆陆续续地返回了小千谷。

5月4日，在长冈市山古志的斗牛提前一步举行了。预售票被全部售完的这次应该成为斗牛大会的纪念，当然我也去看了，不过，我马上发现小千谷斗牛会的成员都没有来。喜欢斗牛的他们应该不可能错过这场值得纪念的战斗啊！我想肯定有什么事情，就给哲酱打了电话，没想到他们现在和同伴们一起，正在小千谷的临时斗牛场进行施工。于是，我马上结束了观战，奔赴他们所在的地方。

在那里，斗牛会的成员聚集在一起在建设斗牛场。斗牛会成员中有经营建筑业的家庭，他们带来了自己家里的重机械，从基础开始建设斗牛场。把地面挖掘成研钵状，并在周围打上木桩，然后用钢索围成栅栏。大家齐心协力用自己的双手建造了临时斗牛场，第二天又修建了连接路线，终于完成了！一切准备就绪，只等着6月的斗牛了。

6月5日斗牛大会。真的有很多观众莅临此地，非常感谢！去年11月的时候，对于是否能够恢复斗牛活动，我们内心充满了不安。在大家的协助下，我们建成了这么棒的斗牛场，很多客人前来观看，还有，斗牛组合搭配也非常精彩。真的是感慨万千！

当时，斗牛会执行委员长泉坊桑的这个致辞，在临时斗牛场上空回荡。以这一天为起点，斗牛活动开始得以再现。虽然第二年的6月小栗山斗牛场进行了修复，但在这两年中，这个临时斗牛场是和小栗山斗牛场并用的。在牛主人、养牛人自己建造的这个斗牛场周围，也设置了预制板装配的总部席、用帐篷搭建的观众席以及简易厕所，观看者众多，非常热闹。虽然如此，大部分养牛人依然住在临时住宅，不得不过着在市区和东山牛舍之间往返的生活。但是，这些养牛人在之后坚持斗牛活动的几年时间内，都各自在东山重建了自己的家园，返回到了山上。在居住临时住宅生活困难之际，毫无疑问，斗牛活动让他们建立了回到东山的目标。事实上，在震灾前，东山地区有277户家庭，震灾后减少到了150户左右，但是，与斗牛相关的家庭几乎都选择了回到东山。

地震发生以后，旧山古志村一度采取大规模全村避难应对措施，因为被媒体大量报道，志愿者和专家们迅速聚集，所以得到了支援，而邻近的东山地区虽然受灾状况相同，但因为行政上的应对不同，相对来说，展开支援的程度似乎比较低。而且，与山古志不一样的是，小千谷市利用了"防灾集体移转促进事业"的制度，采取了向小千谷市内进行集体转移的措施，这对作为中山间地的农村严重受灾地居民是具有利好性的。据说在当时，对于人口稀少、经济生产性较低的中山间地的农村的基础设施，是否需要花费数额庞大的费用进行复旧和重建，也有过争论，还有的提出让人口过疏的集落的居民下山这种具有经济性意义的意见。（泽田，2009：218）这样的行政策略诱导人们扔掉山地，把生活重心向平原便利的城市转移，当然，这肯定会让很多人对回到山里产生犹豫的心理。因此，东山有接近半数的人在震灾以后离开了村子。对于选择离开的人来说，也是一种不得已而为之的苦涩选择。

在这种情况下，泉坊桑他们以"小千谷、东山的复兴，从斗牛开始"为口号，在地区复兴、再生的过程中，把饲养斗牛的牛这件事作为地方的符号化进行运作。养牛这件事在市内是不可能的，为了继承东山的斗牛传统，人们只能返回山里。泉坊桑他们返回东山并不仅仅是以传承斗牛为目的，他们是为了回到从祖先那里继承下来的"故乡"，重新开始以前那种生活。在这样的回归之路中，斗牛这种地域的传统文化，作为集合众人的象征精神很自然地浮出水面。

当然，在斗牛的相关者中，虽然很少但也有人决意搬迁至市区。但是，这当中存在着各自无可奈何的情由。对于那些离开了东山的伙伴，再次返回东山的话，大家也会表示认同，会依然像朋友那样相处，共同延续斗牛活动。为了那些从山上下来的人也能够成为牛主人，后来东山开始了委托饲养并建设牛舍，由此，足以理解他们人与人之间那种难以割舍的关系。

几年以后，以斗牛这种传统文化为核心的地域振兴，其贡献得到认可并受到了表彰。2008年，小千谷斗牛振兴协议会被选拔出来，在表彰地域振兴优秀事例的"国土交通省地域振兴表彰"中获得了"全国地域振兴推进协议会会长奖"，同时获得了"地域振兴表彰审查会特别奖"。作为以牛为媒介跨越世代，致力于斗牛传统，为地域振兴作出贡献的典型，小千谷得到了高度的评价。

这种将传统文化视为地方认同的根源，并将其作为生活重建巨大原动力的地域资源的活用，始于以当地居民为主体的活动。但是，理所当然地，这并非仅靠当地人的力量就能够完成的事情。

在行政部门、研究者、专家、NPO、志愿者等的支援下，在具有各种背景的人的共同参与下，这样的活动才得以展开。

不必看阪神大地震和东日本大地震等，在震灾后，受灾者与外部人员的关系被认为是必然的，并且是必要的。如果仅仅依靠受灾地内在的资源和努力，生活的重建是无法完成的。而且，在现代社会中，没有体验过这类灾害的非当事者们，自发、利他、无偿地加入支援活动，于是"志愿者"参与的氛围已经形成。在这样的情况下，小千谷也同样，地震以后聚集了各种各样的人参与到对复兴的支援事业中。从大局来看，这种来自外部群体的集合是应该肯定的，可以说这对小千谷的地震后的复兴工作发挥了极大的作用。

称为"研究"的工作

但是，如果从细微处来看，不可否认，也有一些不可靠的外部人员以"支援"的名义进入灾区。比如说，2005年6月恢复斗牛的斗牛场，有一个看起来陌生的人物。据说此人在别的地方主持动物爱护团体，在震灾后以对宠物支援的目的来到小千谷。这个人侵占了斗牛场临时总部席的位子，与周围的会员们很亲切似的交谈起来。这个人一手拿着啤酒，与其说他醉了，不如说他语无伦次。他还让大家看他的刺青，一副得意洋洋的样子。斗牛会的会员们对谁都毫无顾忌地进行交往，对他进行敷衍妨碍观看斗牛的行为，我很是坐立不安。接着，我听到他说他正在进行斗牛的"研究"，于是就递上我的名片与他搭上了话。

"如果有震灾前的好照片什么的话，可以发给我吗？……患神经病的孩子（注：斗牛的牛）相当多呢！"我不由得很惊讶："是牛吗？不是吧！很开朗啊！这些家伙……"我勉强这样回答着。

　　我假笑地对付着，但对这个人不知轻重、目中无人的发言太惊愕了。后来才听说，他和志愿者支援团体发生了摩擦，好像在当地引起了人们的警惕。这样的人物在斗牛活动出现，我肯定是要提防的。除了这类极端的人物以外，我也曾经听到过几次关于声誉不佳的人的传闻，他们是以志愿者身份来此访问的外部人员。特别是灾后，过了一段时间，在当地居民进入家园重建阶段的时候，志愿者所从事的工作日益减少，志愿者年轻人中存在着一些无所事事的人，甚至都要让灾区的受灾者来考虑他们的将来了。灾区的支援重点在于开始支援的"时候"，如果不合时宜，无论多么善意也会被认为是自以为是，很让人感到头痛。

　　当然，毫无疑问，大部分的志愿者具备成熟的组织，是有体系地对小千谷的人们进行支援。就是在东山，也有擅长这种市民性活动的团体，一直对东山人的家园重建进行支援。在这种情况之下，我不得不对"调查""研究"的方向性进行重新思考。

　　如前所述，最初前往小千谷"调查"的时候，为了"研究"斗牛地域的传统文化，我是把小千谷作为"田野"而来的。以描写人和动物之间的密切关系为目的，我在小千谷收集和记录了有关养牛和斗牛的传统技术、民俗知识以及传说故事。人们对牛是如何把握又是如何对待的？——我的研究是为了提炼和提示与现代性动物观不同的土著的动物观。从某种意义来说，从民俗学的专业来看，这可以说是正统而又静态的研究取向。虽然关于这些内容的数据在地震之前我就已经收集到了，但是，以地震为契机，我对这种"研究"的意义越来越无感了。

或许应该说，在这个阶段已经涌现出了作为"研究"的重要课题——震灾这个非常事件给传统文化带来的影响，或者震灾后对这个传统文化的活用状态，或者传统文化对地域社会所发挥的作用，等等——在对这些课题进行考究的基础上，眼前东山人展开的斗牛复兴活动确实可以说是绝好的题材。至少，比起以往的民俗学研究还能够探究动态性的场景，在研究上具有极大的现代意义。只不过，这样的"研究"在某种程度上其结果也是可以预知的：震灾作为一种契机唤醒了人们对传统文化价值的觉悟，并令人们将这种价值作为凝聚力的源泉在地域复兴中进行活用。其结果是促使地域社区的纽带和社会关系资本得以再生和强化。传统文化不仅因古老才具有价值，而且因能活化当下生活的意义而具有极大的价值和力量。

即便不是我，这似乎是普通的研究者都能想到的一般的剧情。具有社会关怀的社会学者和文化人类学者应该会更鲜明地对这样的问题进行探讨。这样的剧情验证固然很重要，但相反，对这样容易理解的剧情进行描写，在一定程度上已经规定了此后的"调查"的方向性。当然，虽然我对各种各样的数据进行了客观的收集，但还是会形成对被剧情左右的数据加以关注的状态。收集符合剧情的数据，对它们进行重新编排，导向以剧情所描写的结论——要整理成职业的研究者所追求的作为产出的论文，并非是多难的事情。

　　接着把数年的"调查"继续下去，在形成为几篇论文之后，将这个"调查"关闭并结束。也就是说，从田野撤走的日子到来了。对于研究者来说，只要按照当初的目的取得了成果，就没有必要在田野中久留。这个田野，说到底应该只不过是一个收集"研究"数据的场所。被要求以大量的研究成果作为"业绩"的研究者，就这样转移到别的田野。即使在同样的田野，如果继续发现其他新的研究课题和剧情的话，虽然也可能在这个田野久留，但这并非能够成为一直停留在同一个田野的理由。总有一天，从田野撤退的日子会降临。

　　当然，田野的人们和研究者即使在研究以外的方面也可能结成人际关系，在撤退之后也会继续互通音信。但是，这种情况或将随着岁月的流逝渐渐地淡漠起来。走向田野、和那里告别以及忘却这一连串的流程，被嵌埋于以田野为基础的"研究"这种工作之中。并且，调查方常常具有从调查的地方走出来的选择权，而被调查方却不能从那个地方（被调查的地方——生活的地方）简单地走出来。这样的调查者、被调查者的不对称性也嵌埋其中。

　　地震发生不久，我应该还处于这样的流程之中。在这个阶段，因为没有计划继续与那里——小千谷保持关系，我或早或晚会有告别的那一天。上面提到的剧情验证完成后，我应该就会离小千谷而去。但是，在继续研究者的事业的同时，在如此的田野调查的流程中，我似乎感到有什么不足或说有不充实的感觉，还有从那里难以离开的情感总是涌上心头。

灾害中在场的我，当然条件反射似的想为此作出努力："为这个地区能够做些什么呢？"分发慰问金、进行募捐活动、为了获得各方支援开研讨会……虽然从理解受灾者的立场出发进行努力实践了，但这些只不过都是"一般性"的东西。虽然我对以自己的专业和所具有的技能为基础展开的实践进行了再三思考，但是，我什么也做不了。如果说这是当然的，那实在是太当然了。要进行实践，就必然要具有实践的技术论的积累。可是，我作为日本专业的民俗学研究者，关于实践的技术论并没有引人注目的见解。虽然我对有关传统文化的现在的价值及其活用的可能性确信无疑，但对于这样的传统文化，我并没有亲自担负起为之操作的技术和知识。更要紧的是，面对现实场景缺乏应对能力带来的不自信，让我在介入东山人的复兴活动时踌躇不前。说实在的，非实践专家的我能够做的事情什么也没有。

我这个时期的"调查"中，体现出了我对自身所处位置的茫然的尴尬和无力感。在地震后第二年，也就是2005年，从5月到11月，每个月往来的"调查"一直持续着。但是，我所收集的数据（访谈等的记录和影像）的数量却逐渐减少了。进入复兴斗牛的现场漫无边际地反复访谈，并作为观察者进行旁观，访谈数据的减少正是起因于对这类举动产生的生硬感。到了这个时候，和斗牛相关者的关系已经是相当熟悉了。我出现在斗牛场不会被谁怀疑，我在那里做什么事情他们也不会觉得奇怪。但是，这种关系的不断加深，却让我感到自己行为的不足。其结果，正如以上所述，我把田野笔记本和IC录音机、数码相机放进了包里，开始排列钢管椅和搭建帐篷，开始帮忙做设置会场的准备工作。

在实践过程中变化的研究方法

面向研究对象的文化、地域和传承者以"over-rapport"为基础的心灵的同一化，要求不把研究对象作为在"我"之外的存在，而要作为"我"自身内在的存在来把握。地震以后，在建立个人的、感情的关系的过程中，投身于视为客观的田野、传统文化以及传承者之中，经过双向的关联和影响，我自身发生了变化，而且，哲酱也发生了变化。这不是必然的，只能说是偶然的。于我而言，这样的偶然不仅是研究的手法，更是让我重新深刻思考学问的应有状态以及研究者的人生态度的重要契机。

成为势子，而后成为牛主人，然后进入斗牛场，真的必须把田野笔记本、IC录音机、数码相机封印起来。研究者已经不仅仅是在旁边观看的观察者和调查者了。"记录"这一行为与调查是密不可分的。虽然把握记录的时机因人而异，但因为调查其本身是以获取数据为目的的，所以不能停止记录这种行为。直到今天，从小千谷回到研究室后，我也要把耳闻目睹、亲身经历的事情记录下来。但是，那只是我的所见所闻以及亲身体验的一部分而已。令人惋惜的是，这其中有很多已经被遗忘到脑后。刚开始和当地人接触的时候，在酒宴等场合很自然会听到一些有趣的故事，如果事先录下音来，这将会成为有益的数据。虽然我这样想，但却没实现，所以我总是感到有点儿遗憾。但是，这样的感觉也会马上消失。在这样的情境中，我意识到比记录更重要的是记忆。当然这也并非是全部的东西，只要对亲身感受并且铭刻于心的东西进行记忆就很好了。虽说封印了田野笔记本、IC录音机和照相机，但研究并未就此结束。

斗牛会成员记忆着各种各样的故事和发生过的事情，但是那些不是通过记录而牢记在心的，斗牛的技术和做法也不是通过记录能掌握的，而是需要在平常的对话和经验中，对各种各样的事情进行记忆、学习。如果从最开始以"调查"为名在与实验室相似的非日常环境下进行访谈，使用IC录音机和笔记进行记录，或许不会产生太大的违和感。但是，在日常普通的场景中，"记录"这种行为有时会给人带来场合不分的不舒服感和不自然感。田野工作者应该更加敏锐地意识到，对田野调查而言，"记录"这种行为不可避免地会产生非日常性的特殊状况。

我买牛是在2007年的6月份。在当时庆作家所在的中山的公民馆举行了"厩人"的庆祝活动。所谓"厩人"，是庆祝新的斗牛的牛宣布出道的活动，是由牛主人主办的招待斗牛朋友的宴会。我和同样是新牛主人的吉坊桑一起共同主办了"厩人"的庆祝活动。在那里，我也邀请了地震后马上和我一同奔赴小千谷的"nabe"，还有一个正在研究斗牛的研究生。为自己的牛进行"厩人"庆祝活动，于我而言当然是一件值得纪念的事情。很多斗牛会的人聚集在一起，气氛非常热烈。宴会渐入高潮，我也情不自禁地为朋友们带来的祝贺而感到高兴。在那里，我作为一个牛主人被斗牛会成员们包围着。

酒量不大的"nabe"早早地就躺倒在了榻榻米上。朋友们用万能笔在他的脸上恶作剧地涂写着闹着玩。可是，这时候我忽然注意到，我邀请的另一位研究生坐在旁边打开了田野笔记本进行访谈并开始记录。看到这个场面的时候，我感到有一种难以名状的不快感，有点郁闷。这个地方对我而言是祝贺的场所，是应该和朋友们一起共享快乐的场所，而且这是"我"的地方。而现在，我感到一切都半途而废，甚至气氛全都被破坏了。我当即要求那位研究生合上田野笔记本。因为我对他说的话是瞬间的反应，所以当时我的脸色可能有点儿阴沉。那位研究生一开始感到有点儿惊讶，但随即就红着脸合上了笔记本。

这位研究生在那里做调查并打开笔记本记录的这种行为，作为一个研究者来说，并非是什么不自然的事情，毫无疑问被认为是"理所当然"。并且，我也在那里的田野中做过同样的事情。这位研究生是以调查为目的来到这里，对此我并不能加以责备。不过，我觉得这个研究生无法理解和感受我所感觉到的那种违和感。我的这种感觉，是我作为一个研究者蜕变之后所感受到的一种情感。它肯定比当地人的还要激烈，这是一种过度的情感。但是，在日常中把调查这个行为作为一种惯性无意识地去实施的研究者的背后，这样的情感虽然不多，但很多被调查的一方的人都能够感受到，所以，我们必须要考虑到这种似乎说不出口的感觉，它们潜伏在很多调查研究的现场。

调查和记录的行为有时候会破坏人们的日常性，会破坏现场的气氛，对此，我们不能够感觉迟钝。在打开田野笔记本的瞬间、在放置IC录音机的瞬间、在准备照相机的瞬间，现场的氛围就会变质。我们有必要摸索在不破坏普通的日常场景的情况下，置身于其中的自然的学习姿态和方法。进一步而言，我们也有必要摸索研究者作为一个普通人介入客体方的时间中，如何将研究者自身嵌入的研究手法。

根据"大写的学问"的实践

我所提示的研究以及田野调查等的方法，还有带着牛介入地域文化的这种研究的方向性，无论作为"实践"还是作为"研究"，都可能会让人感到是不尽完善的东西。不过，我已经好几次提到过，这有可能会被加以一般性的判断，被认为是感伤又天真的研究者的自以为是。本来，如果说到研究者的"实践"，一般人的脑海中可能会呈现——更深入地参与斗牛会的活动，从研究者以及专家的立场发表高深见解并应用自己的专业技术——以及各种社会实践的技法等的形象。这是一般的研究者和专家的实践形象。事实上，拥有这种实践形象的研究者和专家有不少在地震后到访小千谷，展开了典型的社会实践。

社会实践的方法已经在很多社会科学的领域中得以探究，对这种方法本身的开发也成为一个研究的领域。一直以来，我对社会学和文化人类学的一部分的实践研究也正在推进，以不断探索成熟的、系统的实践理论和技法论。

民主主义的成熟促成了在政治以及各类社会实践中的市民参与，在这样的情况下，把政治机构和权力看作上位的"政府"型统治正在转向社会成员、集团的主体性协作并参与决策制定以及合意形成的"治理"，统治的应有状态正在发生巨大的变化。其中有越来越多的实践的理论和技法，理所当然地作为"治理"的意识化正在被重新组编。

作为科学技术社会论者的平川秀幸提出了作为区分"（注：根据政府的）统治"和"治理"的最关键的要点是"谁在社会中掌舵？"这个问题。在以往的"统治"中，政府是掌舵的主体，为了解决社会公共问题进行决策制定以及利害调整的是公共部门——政府，其他的相关者（国民和企业等的民间团体、组织）被要求根据政府决定的事情行事。当然，虽然通过选举、请愿、游说活动等可以间接地参与有关掌舵的事情，但在那里存在着"统治者与被统治者""上级与下级"的纵向关系。而对于与之相对照的作为统治的一种应有状态的"治理"，平川秀幸作了如下浅显易懂的解说：

> 所谓治理，表明了更具有"水平性"而又具有"分散性""协作性"的事物的决定方式以及社会的掌舵方式。掌舵者不仅仅是政府和地方自治体，可以广泛到民间企业、NGO（非政府组织）和NPO（非营利团体）、志愿者个人和团体。这些相关者以对等的关系相关联（网络化），在时而协作（协治）时而竞争（竞治）的同时，面向公共问题进行决策制定以及利害调整，并对其结果进行实施和管理。表明这种状态的就是"治理"这个词语。（平川秀幸，2010：46—47）

所谓治理，一言以蔽之，就是在考虑复杂而又多层化的社会的诸问题时，承认管理社会的主体的多样性、多元性，重视各自的能力以及合作，并进行与之相对应的制度设计等的统治。如果拘泥于迄今为止的政府形象，统治或者管理的行为就由行政机关以及与之结合的研究者等权威的相关者来承担，这容易被理解为是独占众多权能并进行执行的系统。实际上，如此强大的相关者为了扮演主角，置当地人的生活于不顾，这种不切实的政策也是屡见不鲜，就是从今天的现状来看，也有不少这样的政策出台。作为避免这种现象的方法，"治理"被认为是更为"理想"的管理方法而备受关注，并且已经形成为一股强大的潮流。

对应于这样的社会趋势，在"市民参与，居民参与"这个口号之下思考实践的学问也正在发生极大的转向，转向为——倾向于充分吸收作为主体的各类"人群"的意向和愿望的方法。至少，社会实践的方法已经开始向"市民"参与的方向转换。并且，在东山展开的知识生产和社会实践也与这样的方向是一致的。

然而，这样的社会实践的理想画面，一旦与考究这些理念的人相分离，在一般的社会上流布的话，其本身在现实的场景中会出现教条化、独断化的情况。对这样的市民主体（虽然这个表述需要警惕）进行讴歌的实践，时而会定型化或者规范化、指南化、通用化、手段化，进而有可能转化成为这种方法的应用而应用的"大写的学问"之实践。又或者在表面上伪装成吸收了迄今为止难以获得发声的居民的声音，但实际上却掩盖着一直以来的政府型统治，并在其背后设法使之强化。对于这些问题，在地域社会中展开实践的研究者是不能够忽视的。

作为一个民俗学研究者，我不像其他应用科学的研究者那样手头掌握着有助于受灾地区生活再生的专业知识和技术。但是，参考目前的社会科学为之努力的各种实践研究，我应该对实践的"工具"进行学习，而且，在东山灾后的复兴过程中，以这样的知识和方法为背景，也应该对社会实践的"项目"进行模仿并运作。实际上，在东山地区，在我成为势子、成为牛主人的背后，已经推进了以专业知识、技术、工具以及人际关系为基础的研究者和专家的各种知识生产和社会实践，这样的动向和合作也应该已经形成气候。但是，我在这样的局势当中却并没有发挥太大的作用。或许，不如说正是通过被某种东西规范化，接触了被认为是理所当然的现代的实践，才让人们对从中遗漏的价值和作用进行了深刻的思考。

地震以后，东山的地域团体"东山地区振兴协议会"为了推进地区的复兴，制订了各种各样的计划。并且，在小千谷市等行政部门的干预下，NPO、国土交通省外围团体的建设咨询的社团法人等很多研究者和专家也展开了支援。地震之前，在这个地区具有"学者"头衔的人只有我一个，地震之后，有很多研究者和专家来到这个地区。这些研究者和专家在对地域复兴进行总体规划的过程中，运用现有的制度和资金极大地支援了以斗牛为核心的复兴活动。并且，他们把以现在的学问为基础开发出来的专业见解和技术应用在这块土地上。

地震后的专家参与

2006年，东山地区振兴协议会在拥有专业技能的NPO以及建设咨询社团、行政部门的支持下，着手制作作为复兴设计基础资料的"小千谷东山复兴地图"。其中，专家们针对10个集落、2个团体举行了共计20次的听证会，并且对每个集落都进行了恳谈会，设置了收集东山居民关于集落现状以及对未来的展望的意见的渠道。这就是现在以居民为中心，应对地域的课题被频繁使用的"工作坊"。KJ法（为了解决问题活用整理卡片的思考方法）等也被运用于此，能够有效地把人们的意见汇集起来。另外，用计算机对地图情报及其各种附加情报进行统一管理的GIS等也正在有计划地推进应用。这些都是在现在的日本很多实践的场景中，能够见到的系统性的活动。另外，在斗牛会的会议上也有这样的专家参加，他们会进行对"当地居民主体"的情报收集和规划制定等实践活动。

对此，如果从市民参与、居民参与的观点来评价的话，可以说是实现现代性实践价值的一种"理想性"的协作。在东山的复兴、小千谷斗牛文化的复兴之际，外部的相关者也和地域居民、当地文化传承者一起发挥了重要的作用。在行政、NPO、专家等来自外部的人士以及组织也参与、协作的复兴过程中，与地域文化相关的各类主体进行有机合作形成的嵌套式结构具有非常重要的意义。各种各样的相关者并不是分散地进行活动，而是频繁进行协商和意见交换并分担责任。行政发挥了很大的指导力，但并不是制定具体的推进方案让地域居民遵从的那种旧的政府型统治，而是能促使多样化相关者之间形成关系，在各种各样的决定过程中以反映地域居民的意见为目标……

一次为了制作复兴地图的东山人与专家的会议，我有幸得以参加，并作为一个长期研究这个地区的文化的"研究者"，参加了向町内会长等本地相关者说明复兴地图制作规划的一次集会。东山地区振兴协议会会长对复兴怀有特殊热情，并为此作出不懈努力，他和我是故交，是他特意向我发出了邀请。但是，我与行政等毫无关系，我的研究是个人研究，所以，进入这个地区的我，在这样的活动中几乎没有能够可以发挥作用的地方。

由于行政、NPO、咨询机构以及当地相关者的努力，这项活动的草案已经形成。在这个接受了公共资金支持的活动中，与复兴相关的事宜正在被周密规划并被进一步组织化，已经不存在我等可以发挥的余地。有关调查的目的和方法等也已经既定，正在被系统性地加以推进。我对此毫无作用，但我要以研究者的头衔在这种场合干坐着。我对这是有点犹豫的，或许主导这项活动的专家们也对我这样的不知就里的局外者——并且有时候可能说些烦人的话的"研究者"——在他们自己举办的活动中出现，多少会感到有点儿不适应吧！

在这个集会的开始部分，继东山地区振兴协议会会长之后，建设咨询机构以及与之共同成立的NPO的"中间支援组织"的市民成员、地域振兴局等的县职员、各町内会长分别进行致辞，我也轮到说几句。我不是直接参与这项活动的人，我苦恼于自己在这种场合的定位，只能不自然地说些生硬的话：

我是东京大学东洋文化研究所的菅丰，请多多关照。要说为什么我从东京来到这里的话——其实，我和今天也在座的○○桑以及○○桑这样斗牛的人一起，从今年开始作为势子参与斗牛。……我和他们交往了一段时间，这期间当然完全没有想到会发生地震，以两年前的地震为契机，我和斗牛会的人或者说这个地区的人结成了比之前更紧密的关系。

我的专业是民俗学研究，这块土地从过去传承下来的各个集落一直在经营着生活，我的专业就是对这些进行记录或者调查、分析。由此来说，这次有幸得到○○桑的邀请，对这类调查来说提供了些方便，在这些方面，我想多少能帮上点忙……请多多关照。

这简直是含混不清的芜杂之词。"我想多少能帮上点忙"这句话，也是对我自己能做的事情没有经过认真而具体的思考的轻率之言。

在致辞之后，对于在复兴地图上记载必要情报等愿望，参加者们进行了热烈的讨论，专家们对技术性问题进行了说明。在这个讨论的场景中，我作为局外人，去插嘴是件很让人犹豫的事情。所以，我为了避免冒昧，便在集会席上静坐倾听。当然，在这个阶段，我虽说还是斗牛会的新人，但也是支撑斗牛会的一员，而且因为拥有研究的积累，因此，关于活用地域文化进行复兴这件事情，我想自己能够多少发表点意见。但是，在这样正式的集会上，我却没有办法让自己举起手来进行发言。

因为，我担心自己所说会因我的头衔在正式场合中自然地产生权威作用。东山的人在平时并不会特别地在人前高调地主张自己的意见。他们依据平时的人际关系、年龄、社会立场相应地表达意见。表面上掌握了权威的我如果在正式的场合表达意见的话，就有封锁人们的各种心声的可能性。这虽然只是杞人忧天，但我还是意识到，不要过度为好。

会议即将结束。可能是留意到我在场一直没有（不可以）发言，作为知己的会长就指名道："那么，最后想请菅老师发表一下意见，拜托了！"

我在这个会议上并没有发言的立场，所以有点儿不知所措："突然来开会，在这里几乎没有什么要说的……"我一边支吾着，一边毫无自信地谈了对这一天会议的印象：

……

最后有一点，很希望大家一定在这项事业中考虑一下……我感觉自己在这样的访谈调查或者记录地震相关事情的时候，是相当困难的。希望尽量以当地人为主（推进这项事业）。虽然他们自己要把这些记录下来是很困难的，但他们自己也想试着记录下来，他们自己也想试着进行访谈调查，对于有这种想法的当地的人们，我们不是以调查者和被调查者的形式对其进行区别，而是应尽量和当地人成为一体。简单来说就是居民参加，希望我们能够以这样的形式进行推进。其实，所谓采访不是简单地停留在记录以前的事情，其本身也是一种复兴的作业。刚才说到有用眼睛看不到的（注：被毁坏的）东西，实际上这是在这次地震中遭受最严重破坏的东西。当然，道路遭到破坏，很多财产已经损失，而且最尊贵的生命也消失了，但除此以外的东西，极其重要的东西也被破坏了。比如说信赖，至今为止，村里的互相交往、关系等，或是村子里的规范，这些用眼睛看不到的但对于那里的生活来说非常重要的东西，实际上已经遭到了破坏。对于这些部分并不能只是记录，居民们今后通过参加（这项活动），反而会再一次重新创造出一直以来的信赖、网络和规范。……通过和大家一起把它（注：制作复兴地图）完成，大家一起做点儿什么，我想大概会再一次孕育出关系和信赖。我以为也有这样的一条途径。所以，在这样的趋势之下，我认为一定要建立让当地的人们、让更多的人们能够参与其中的规划体系。

在这里，我想说明制订更加重视当地人参与，并把当地人作为这项活动的真正主体的规划的必要性。这不仅是关系到调查的事情，我想说明关于调查这个行为本身的意义，关于当地人成为主体自觉参与的意义。调查这种行为，虽然多被看作主要是获得某种情报的"手段"，但实际上，调查的意义并非只是如此，它还通过共同的行为、相互的关系，在调查方和被调查方之间产生协作并构筑价值。还有，调查一方和被调查一方，双方如果是当事者所生活的地方的人，他们将成为这个地区凝聚力的原点，他们就有主动承担再生事业的可能性。我是很想说一说这样的一种可能性的。

但是，我想说的话被主持者的结束语引开了："谢谢！那么，最后就将结束了，请副会长（讲闭幕词）。"就好像我什么也没说过那样。当时，我发言的宗旨和意图没有能够很好地传达给东山人。另外，对于已经设计好根据规范化工具展开调查的NPO和咨询机构等相关者，也没有能够很好地让他们理解其中的内容。

　　当然，我的发言被打断，人家是完全没有恶意的。原本让我发表意见这件事本身就是对我的关照，并不是向我征求某种决定性的意见。这无非是一连串的会议流程中礼节性的发言，既然是这种程度的东西，对已经启动的项目来说是自然而合理的。当然，对于突然出现的并非这个项目成员的我的意见，他们是没有回顾的必要的。我的发言力和发言权，就是这种程度而已。

　　此后，过了几个月以后，在东山举行了工作坊这种形式的集会，大家的声音被记录下来了。但是，在那里，专家和当地人的关系还是采访人与讲述人、调查一方与被调查一方，还是按照以往的这种定式在进行。不过，人们的声音也确实被收集起来了。但是，这种声音并没有明确地被意识化，毫无疑问是在调查一方和被调查一方、专家和非专家、支援一方和被支援一方这种结构性的、固定的关系（虽然是无意识的）中产生出来的。不管怎样允许你自由说话，提问都是事先预备好的，其总结方法也是定型了的。而且，在这种正式集会的气氛中，东山人多少会产生与日常会话不同的语调。看起来似乎以自然的方式在汲取"民意"的工作坊，还有从中编排起来的采访，当然也并非是徒劳的。

　　在那样的场景中所讲述的故事和所反映的民意的建构性，其实令我非常担心。不过，把有可能切断工作坊既定流程的异议，或者一般人不会留意的独到见解，在这样的场合高谈阔论逞威风的举止，作为研究者的我还是不能够做到。

在实践现场的政治学

一般来说，专家或公共部门社会实践的相关者比较熟悉社会的各项制度，具备熟练运用这些制度的技术。简单来说，补助金的来源、获取方法以及具体规划等的专业技术，可以说掌握在特定的专家们手中，也就是说，普通人并没有掌握获得需求资源的知识和技术，因此，社会上形成分配不均的状态。而且，这些又往往存在于他们生活之外的地方。因此，普通人除了依靠这些专家别无他法，或者说让人深信别无他法才是"理所当然"。在东山展开的复兴也同样孕育着在这样的社会实践中的结构性问题。

后来从斗牛会的人那里听说，积极参与复兴支援的某团体通过规划复兴事业蓝图，在此过程中以佣金的名义获得了一部分基金和补助金。当然，在这个团体看来，提高收益是平常的工作，让复兴事业得以展开也是工作的一部分。因此，一边吸纳当地居民提出的希望，一边让这个事业规划不断膨胀，是很自然的事情。这个团体有助于这项活动的开展，这是没有任何疑问的。但是，因为这个补助金和基金的基本原则是——事业费用的一部分由受益者负担，所以，扩大事业规划就意味着当地要负担的比例将增加。对于这样的机制，东山人也渐渐开始觉察到了。不，应该说早就已经注意到了，但如果不被纳入这种自上而下的机制中，对当地人来说就不可能获得自己所追求的斗牛复兴以及生活复兴不可或缺的资金支援了，所以，他们只能选择沉默不语。而且，应该说当时的情况已经迫使他们熟练运用这种机制了。

这个团体以斗牛会为对象，制订了以斗牛振兴为核心的地域复兴计划。这和"新潟县中越大震灾复兴基金"等的资金来源不同，需要依靠当地居民和当地公共团体的支持。并且，为了实施这个计划他们还召开了"研讨会"。这其实也和"工作坊"一样，是日本各地在为了"解决"问题的时候多见的方法。在这种场合，我的头衔和立场非常合适，我也被要求去参加这个研讨会。于是，我和其他的专家以及斗牛会的人一起出场，按照"对日本、社会具有价值的斗牛的魅力"这个剧情，回答了作为听者的专业播音员的采访。

围绕着灾区复兴，我部分参与了像制成品那样的"大写的学问"的实践，虽然隐约感到不快，但一看到会场上斗牛会朋友们的脸上充满热情，这种不快感随即烟消云散。于是，我进行了一番热情洋溢的演讲，分享了作为外来人而且又是牛主人的我所看到的有关越后斗牛的价值、魅力、经验，以及对于斗牛的东山人的深切情感。在演讲中所说的话都是我平时说惯了的语言，我认为没有一点儿特别的夸张、造作，更没有渲染、虚假的东西。我从成为势子、成为牛主人时开始就热切希望和这块土地上的人们交往一生，和他们所孕育的文化相关一生。对此，我毫不感到羞涩，我坦率地表达了这样的意思。

在这种情况下，要想和当地人共享一个人所关联的世界，即便是不完整的，但为了成为当事者，我也有必要将作为研究者的自己的人格分裂出一部分。本来，作为研究者应该具备来自大格局的洞察力和批判精神，但如果将之放在生活世界中，有的时候这就会成为一种障碍。不留意反而更好的事情，却偏偏要去留意，而且，对留意到的事情又特别想去论说，研究者这种嘲笑的秉性，在揭露和批判社会上被某种力量掩盖的计谋和策略的时候是非常有效的，也是非常有必要的。但是，这样的秉性被结构性的问题所牵扯的同时，一旦与在等身大的生活世界里努力奋斗的人们发生接触的话，作为研究者的自我将陷入进退两难的困境。

为此，对于围绕着复兴事业而又不能回避的机制和整体结构的瑕疵，我所希望的并非是像外部有良知的知识人士那样从正面进行客观的批评和批判，而是为了推动现实中眼前的伙伴们所希望的复兴，在互相理解酸甜苦辣的同时，展开作为一起努力的伙伴所具有的行为举止。这正是成为同伴的时候，无论谁都必须掌握的行为举止。而这样的行为举止，想必会使忠实于客观性和中立性的学院派研究者产生强烈的抵触情绪吧！但是，对于我自然地参与进去的实践而言，在我参与进去那一刻就已经发生了行为的转向，那就是——必须跨越一直以来的单纯的知识生产和社会实践这个框架。

如前所述，自上而下运作的隐含的机制，对于当地人来说却是至关重要的渠道。在这样的情况下，虽然多少抱有不快，但他们想被纳入这种机制，或者正在探索与带来复兴资源的外部者的协作，对此，如果简单地与研究者的"正论"的价值观展开正面的碰撞，作为他们的朋友，实在是难以做到。

对于以这样的"大写的学问"为基础的复兴事业，虽然我多少也有所触及，但是在推进的过程中，我强烈地意识到有必要使用新的立场和方法参与到复兴活动中，就是一种与除我之外的外来专家的做法不同的立场和方法。并且，这种意识与在复兴活动中东山人的姿态的变化步调相一致。

5.贴近生活的"学术"——走向生活者之间

让我发挥的"作用"

我和斗牛朋友们经常交谈，我们的交谈都是在非正式场合的一些对话。和斗牛朋友在一起的时候，比如说在斗牛后的酒宴上，在这种日常的场景中，提到灾后复兴的话题时，他们就会小声地说出自己的意见："把梦想如此扩展，之后的情况不就难以收拾了吗？""这样的话，不是和这里一直在做的事情不一样了吗？"大都只是一些带有推测性的想法。

另外，还有在无意间被征求意见要进行回答的情况："老师您是怎么想的呢？"当然，这并非是很认真地在向我寻求具体的解决方法和对应方案，只不过是在交谈之中面对着我提出的问题而已。但我对此进行了回答。像这种在日常对话中非正式的窃窃私语，对于这个地区的灾后复兴，几乎是不会起到什么作用的吧！

但是，在东山这里，像开会那种形式呆板的非日常的场景中，是不可能形成应对现实的意见的，但可以说大多日常中的多样性会话反而有效。通常，在非正式的日常对话（也包括茶余饭后的交谈）中，他们会坦率而积极地表明自己的意见，在这个过程中，大家对事物都会达成一定的认同（说"理解"比较好些）。而在正式的场合中，那就只能是不断累积的非正式声音中的某个阶段而已。像这样在日常中的关联以及不经意间的意见表达，是生活在这块土地上的朋友们使用的当地的、传统的以及无意识的、普通的磋商方法，我也只不过是入乡随俗而已。这是一种通过深入这块土地才能够理解并掌握的一种意见表达方式。

源自与外部人员协作的复兴事业推进了受灾的斗牛场、停车场的改修以及残障人士专用厕所等的设置。但是，这些给当地带

斗牛以后，谁都可以带着酒凑在一起回味当天的斗牛情况。在这样日常的自然对话中会提到很多现实的问题。（2008年7月8日，中山庆作家的牛舍。古泽拓郎摄。）

来极大期待的事情，仅仅是专家调查中来自东山人声音的一小部分。所以，在这些事情结束以后，外部人员主导的复兴事业并没有停止。于是，在2009年，共用牛舍建设计划就被提了出来。这也是外部人员描绘过的蓝图。震灾以后，新潟县除建立了"新潟县中越大震灾复兴基金"以外，也投入了其他大量的基金和补助金。如前所述，原本这些资源的存在和来源并不为普通人所知，要活用这些资源只有依靠行政以及与行政具有协作关系的外部人员。因此，在这样的复兴事业中，地域居民以外的外部人员的介入是不可避免的。并且，正如已经提到的那样，存在着专业人士将这些资源不断注入地域社会中的机制。

共用牛舍建设计划也是基于包括行政在内的外部人员之建议而实施的。震灾以后，斗牛会成员有的因为各种原因已经下山并移居到城里。为了这一类成员以及他们的牛着想，建设能够用于寄存牛的牛舍便成了斗牛会的夙愿。而且，即使在地震以前，也存在着诸多不便之处，有的因为没有共用牛舍而无牛舍可用，有的因自己不能亲自照顾牛而不方便参加斗牛。如此这般，自然而然地就导致牛的数量的减少，导致斗牛活动的衰退。因为担心这种状态会延续，斗牛会制订了建造共用牛舍、将牛进行委托饲养的计划。邻近的旧山古志村，已经建设了可寄养数十头牛的集合式的大规模牛舍，那里被集中起来进行饲养的几乎都是斗牛的牛，这是作为一项补助金事业进行的。希望这类设施也能够出现在我们这里——这种想法油然而生也是很自然的事情。

斗牛会会长泉坊桑和执行委员长忠坊桑，都积极地推进了这项共用牛舍建设的事业。他们两人和一般的人比起来，对斗牛活动怀抱更为深切的情感，在地震之后，随着这种情感的加深，他们同时也畅想着继承这种文化的"地域"的未来。因为担心斗牛的将来并思考着这种文化继承之地——东山的将来，他们两人为了实现建设共同牛舍的计划，自然就比一般人投入了更多的精力。

当初这个话题提起来的时候，从以前开始就对当地展开重建支援的团体与以往各类复兴事业一样，在吸取当地人意见的同时开始着手这项计划。并且，这个团体准备了几种类型的资金来源，提供了可以集中饲养多头牛的大规模集合式共用牛舍的试行方案，并面向实施的目标开始了行动。对于这个方案，一个月只能到访小千谷一次的我虽然并未深入地参与，但有关具体实施过程的一些传言，我还是从与斗牛朋友们的交往中听到了一些。虽然我非常清楚牛舍建造的必要性，但对于集合式大规模牛舍这种形式，根据以往的经验，我还是不得不抱有一丝疑问。

在集合式大规模牛舍中进行饲养，不失为一种节省饲养劳力、提高饲养效率的合理方式。而且，设置整体的大规模牛舍与设置多个小的单独的牛舍相比，在建筑成本方面也是有利的。从成本和劳力方面来说，建设这个大规模牛舍可以说是合理的。但是，从另一方面来说，在小千谷存在着在各自家中饲养牛的习惯，存在着各家各户对牛进行精心饲养并培育成才的饲养文化以及重视这种文化的价值观。

与山古志不同，在小千谷的斗牛习俗中，现在仍然有很多家庭继承了在各自家中饲养牛这种传统的饲养方式，牛舍一般以养

1—3头牛为规模。这是因为在不同的养牛人家里，不同的牛舍传承着不同的饲养知识、技术、价值观以及他们各自遵循的文化，并且，我们在各个牛舍的差异中可以发现本质的重要性和价值。在二十村乡，牛舍所继承的饲养知识、技术、价值观的差异，可以用"厩柄"这一民俗词汇来表现。具有传承意义的饲养技术和知识在各个牛舍是不同的，其差异性对于牛的脾性、风格以及斗牛本身会带来很大的影响，养牛人和牛主人由此进行认知。即使是力量完全相同的牛，在不同的牛舍被饲养，因饲养方法的不同，其力量和性格也会有很大的差异。在斗牛活动各种各样的场面中，"厩柄"这个民俗词汇被频繁提起，大家几乎异口同声。

例如，对于状态不好的牛，有人会说："那头牛刚引进的时候，明明是头很棒的牛呢。还是厩柄吧？"以表示如此结果是饲养方式造成的。还有的会说："那家的牛虽然几乎没有多余的肉，但是很有毅力。应该是厩柄啊！""厩柄"一词成为衡量饲养力量和技能的重要尺度。而且，因为"厩柄"的存在，养牛人各自养的牛都有其个性，斗牛方式也产生了差异，所以，一般认为，"厩柄"的存在增强了斗牛的趣味性。如果在大规模共用牛舍中饲养，进入那里的牛会成为性格相同的牛，斗牛会失去妙趣。当然，对于这样的传承性的价值，积极推进共用牛舍建设的泉坊桑和忠坊桑肯定是清楚的。但是，为了尽早实现建设牛舍的愿望，他们面对现实选择了妥协。

斗牛结束的某个傍晚，斗牛的朋友们在斗牛场广场的草坪上喝着带来的啤酒，沉浸在白天斗牛的余韵之中。这可以说是斗牛之后必不可少的活动，大家一般都要举行对当日斗牛进行反刍的宴会。以前，一直就有在牛主人家里准备好饭菜招待村里同伴的惯例，现在虽然也有愿意招待的人家，但大多数的年轻势子们都会和大家一起到街上去或者村子里，带着酒和小菜开怀畅饮。就在这个傍晚的酒宴上，大家从评论白天的斗牛结果开始，交谈甚欢。随着大家酒兴高涨，我和坐在我旁边的忠坊桑很偶然地聊起了牛舍建设计划的话题。于是，我借着酒劲儿冒昧地对集合式牛舍方案提出了不同的看法。当然，就算是提出异议，我的语调也并非高声宣扬，而只是像在普通的会话中引入话题那样。

因为集合式牛舍的建设将会导致"厩柄"意义的消失，所以斗牛的传统并不是被保护的对象，而是活生生的存在。在这个地区，如果大家认为不再需要斗牛了，那么，"厩柄"即便因此而消失也是没有关系的吧？……我提出的这些不同看法或许有点儿不妥，不是我所处的立场应该说的话。当时，专心致力于建设牛舍的忠坊桑对这样的异议当然是不会认同的。因为这个时候的忠坊桑有着各种我所不知道的艰辛和问题，正在我所不知道的地方努力奋斗着，对于我的看法应该不以为然。对于忠坊桑那时候的心情，我能够感同身受。但是，我还是很想把这样的意思告诉他。

忠坊桑对此进行了反驳，他说："像老师您这样从外面来的人是无法明白我们努力守护斗牛这种重要文化的心情的。"他的语气既不激动也不批评，非常平和，但对我来说，我还是在忠坊桑的话中感受到了非常严厉的态度。把这样让人有压力的异议抛给忠坊桑的不是别人，正是我自己，我真是自作自受。但是，我也不得不继续说着下面的话："我已经能够明白了。虽然我是外来人，但我知道斗牛的重要性。把斗牛的重要性教给我的不正是忠坊桑你吗？"

其实，让我深刻记住"厩柄"之重要的，不是别人，正是忠坊桑。规划这个牛舍建设项目的5年前，正好是遭遇地震的两个月前，他这样对我说：

> （把牛集中起来饲养的话）这要消失了啊！以后就没有"厩柄"这个说法了。在你家牛舍养的牛容易形成什么性格，在我家牛舍养的牛又是怎样的，你知道吗？因为在个别饲养的情况下，才会出现"厩柄"这样的说法，但在这里（牛舍）全部集中寄存的话，大家就会说："怎么这样啊，真无聊啊。"虽然只是牛的强弱问题而已。如何让没有斗志的牛通过运动来增强斗志呢？如何让吵架（注：斗牛）变得有趣呢？如果将牛全部放在（牛舍）一起集中的话，这种有趣的味道就消失了啊！

在我的记忆深处，这些话作为重要的东西一直保存着。而忠坊桑也不会忘记"厩柄"的重要性。

在斗牛后酒宴上的这次对话，作为当时那个场合的相互交流就这样结束了。因为周围的朋友们都在谈论着各种斗牛的话题，应该谁都没有注意到忠坊桑和我之间有过这样的交谈吧。我们两人之间所交谈的话题，也并没有引出什么明确的结论。而且，我所说的话悄无声息地淹没在酒宴的喧哗声中，只不过是一种微弱声音而已。但是，连我自己也没有注意到，我那些不值一提的微弱的反对的声音，原来已经实实在在地传达给了忠坊桑。

我的作用

此后，牛舍的建设计划正式启动了。但是，令人意想不到的是，由专家们主导的这个计划需要花费大量的资金。由于斗牛会自己的负担大幅度增加，而且这个计划背后的基金方要提取相当多的佣金，因此，对此大伤脑筋的斗牛会成员们决定自己作为主体重新制订计划。他们所选择的委托方是一直进行重建支援的有经验的基金组织，虽然借用了外来团体的专业技能，但还他们是尽可能地通过自助努力来实现牛舍的建设。这种方向的转变并不是在这个时间点突然想到的，而是在长期的灾后复兴的过程中，在与外来行为者的不断接触中感觉到、理解到的结果，是一种决断性的选择。

在重新规划这个自己作为主体展开的牛舍建设计划的过程中，为了活用"厩柄"的特色，斗牛会将原来的集合式的大规模牛舍方案改成了三栋个别牛舍的方案。好像是忠坊桑听取了当地与斗牛有关的人员的声音，据说这些声音中对集合式牛舍持消极性的意见占多数。但是，如果是个别式牛舍的话，比起集合式牛舍，其建设成本要高很多。仅仅这一点，就会导致很难获得基金组织的认可，需要耗费的时间也会更多。在明知这些不利因素的前提下，泉坊桑和忠坊桑还是为了保护"厩柄"接受了挑战。

在这之后，为了和行政等部门进行协商，他们到处奔走。忠坊桑以及斗牛会的干部们频繁走访市政府，对有关灾后复兴基金的机制进行研究。另外，泉坊桑也利用交友广泛的优势，从当地政治家那里收集到了很多信息。其他斗牛会成员也发挥各自所能积极参与了这个计划。有的会员提供自己的土地作为牛舍用地，有的会员利用自己的技能把牛舍用地上的障碍树木砍掉。在这些自然而然形成的工作分工中，我也成为其中的一员。

我的职责是书写陈情书提交给基金方。我对忠坊桑他们考虑的原方案进行了大幅度修改，陈情书内容主要是争取支援方的理解，向他们说明分割成三栋牛舍的理由以及重要性。我认为将原方案中提及的整体牛舍进行分割对这个地区来说是最为合适的。所以，当忠坊桑委托我写陈情书的时候，我当然欣然接受了。于是，为了实现这个计划，我利用民俗学研究者所具有的素养，绞尽脑汁，竭尽所能，勤奋、努力地撰写陈情书。

在这份陈情书中，我以斗牛已经被指定为国家的"重要无形民俗文化财"的事实，以及斗牛在不远的将来具有登录为联合国教科文组织非物质文化遗产的可能性——这种文化政策上所具有的意义，对斗牛活动的正当性进行了陈述。另外，我还引用了联合国教科文组织《保护非物质文化遗产公约》中的第二条第一款、第二条第三款等条文，借助国际公约的权威性，极力主张当地斗牛活动的合理性。对于这样的文化政策的政治性，作为一个民俗学研究者，我一直以来是冷眼旁观的，但是，面临着牛舍建设计划的实现，其作为必须被运用的工具，只有在这里才是有用的。

此外，考虑到不得已离开村落的斗牛会成员们的愿望，我在陈情书中渲染了诸如"故乡""心灵复兴""心灵归村"等体现他们心愿的感伤之言。伴随着怀旧的"故乡"一词与"乡土"等词语一起被国家所收编，这也是在围绕着文化政策的社会中被政治性地加以利用的事情，这种观点已经被学者所揭示（岩本，2007），虽然众所周知，但是，我在陈情书中还是策略性地使用了这些词语。

而且，在陈情书的最后部分，我写道："我在大学里执教，把民俗学作为专业进行研究。我长期在小千谷市开展包括参与观察在内的'斗牛习俗'的调查研究。基于作为专家的立场以及调查研究的成果，参照贵基金以文化遗产保护为目标的观点，这次由小千谷斗牛振兴协议会所提出的建设多座独栋式牛舍的申请，是最为恰当的方式。同时，我认为这是一个有助于解决现在这个地区面临的诸课题的最佳对策。"在此，我自己摆出了"研究者""专家""大学教授"这种肤浅的权威架势。

这份陈情书中所写的内容并非是虚构的。但是，我在解释和表达某些部分时，确实与一般专家基于客观描述的方法有所不同。并且，为了使当地人们的愿望得以实现，毫无疑问，我建构了新的价值观。这是面向东山人的"advocacy（拥护）"的态度，可以说使用了研究者的技能，是在把对他们的拥护作为我自己的夙愿的过程中所选择的一种要小聪明的手法。

在运用这种手法的时候，或许一般的学院派研究者会有违和感和厌恶情绪吧！但是，我对此毫不内疚。这对于在这里生活着的人们来说，对于在这里希望一辈子与传承下来的文化密切相关的人来说，对于决心在这里开展民俗学实践研究的我来说，是无论如何都必须运用的一种技能。并且，如果它和日本的"大写的学问"带来的社会实践专家们的目的相比，甚至可以说是健全的。暗中运用这个技能不是为了别人，而是——时而是为了自己，时而是为了拥护与自己的利益不可分的权力方。对于作为实践者而行动的研究人员来说，我们需要立足于和这种拥护外部人员的立场截然相反的位置上，这是最起码的态度转变。

关于我当时参与的活动，当地报纸记者是这样记述的：

> 为了增加物主牛（被委托的牛）的数量，应该说，共用牛舍对于斗牛会来说是他们早就有的一个夙愿。所以，在中越大地震复兴基金的申请过程中，他们提出了共用牛舍建设的要求。山古志在同一基金的运作下，建设了一处可以集中饲养牛的斗牛公寓。可是，小千谷斗牛会要求的不是公寓式的牛舍，而是分成几栋的共用牛舍。考虑到自古以来的习俗就是要重视牛的个性，而且大家普遍认为牛的饲养方式也不必千篇一律。县里为了提高效率，进行了重点规划，对于小千谷斗牛会的要求难以认可。于是，斗牛会委托菅老师以东京大学教授的名义撰写请求书，在请求书提交之后，笔者也得到了阅读的机会，请求书既具学术意义又通俗易懂地写出了斗牛会的"心"。或许是这份请求书奏效了吧，小千谷斗牛会的愿望被接受了，并在（2010年）11月建成了总工程费为3400万日元（50%为复兴基金）的可以容纳14头牛的三栋共用牛舍。（藤田，2012：139）

最终，共用牛舍总算建成了。当然，并不是我写的请求书（陈情书）"奏效了"。实际上，那只不过是申请文件中的一份而已。但即便如此，它是否能够作为用研究者的权威对独特的计划进行论证的材料呢？我心里不禁有那么一点儿小小的期许。

2010年4月，基金方决定对牛舍建设发放补助金。忠坊桑突然打来了电话，说："能弄成小规模的三栋牛舍真是太好了。大家的评价也很好。"但是，现在还不能如忠坊桑所说的那样真正地高兴起来。今后，对三栋牛舍的评价应该是会发生变化的，是不确定的。说不定什么时候这样的评价就会被推翻，并且，推荐个别牛舍建设的我也难保不会受到指责。更进一步地说，不能否认其终究是因为外部人员的想法而产生的外在性行为。其中，我不可避免地存在着自以为是的问题。

但是，在当地人评价不断变化的将来，如果仍然具有坚持向他们靠近的意志，这类问题也并非是不能跨越的。随着灾后复兴告一段落，之后，聚集在东山的专家、顾问、NPO们的身影都消失了。这对他们来说是一种"理所当然"的姿态，因为他们的工作结束了。而且，因为消失，他们自己的行为对将来的影响以及当地人对这些影响的评价，也就没有直接暴露的可能性了。但是，对于牛主人的我来说，是没有终点的。作为一个牛主人，我需要用一生的时间去承担对自己实践结果的评价。

在大部分专家从东山离去后不久的一天，有一个东山人对我说了这样的话："老师您一分钱也没有带来。但是您还在'这里'啊！"

这是对我的最大的赞美，是对至今还在这里和他们一起继续走下去的我的评价，这是非常重要的事情。他就这样无意间对我说了出来。我通过参与灾后的复兴活动，认识到了作为在没有终点相关联的前提下，不定型化、不规范化、不指南化、不通用化、不手段化，并且不先验的以该行为本身为目的的营生，而持续实践的必要性。在以"大写的学问"为基础的"理所当然"的实践大行其道的这个时代，作为大势所趋，我想提示一种与之划清界限的学问的应有状态，这就是"我"的知识生产和社会实践的方向性。

向日常实践的回归

地震已经过去很长一段时间了，现在，东山人的生活也恢复了平静。当然，地震的记忆是不会消失的，仍然在人们的生活中根深蒂固地存在着。2012年12月，我和来到东京的哲酱一起在浅草的露天店里喝酒，当时直升机从天空中飞过。一听到直升机的声音，他就缩成一团嘟囔着"讨厌的声音"。这个声音唤起了他对地震时村子上空盘旋的直升机的记忆，眼前仿佛重现了避难时从直升机上看到的村子的惨状。

这样的哲酱现在也过着平常的山里人的生活。震灾以后，作为复兴的象征而成为话题的斗牛，现在也恢复了往日的景象。在这种情况下，我的实践也趋于稳定，我把自己的牛放出来，很平常地和大家喜忧同享。我已经不再需要意识到与"大写的学问"所带来的实践进行单独对峙这种夸张的情绪了。现在，我所追求的抑或是我所要求的，就是向大家展示我的爱牛——天神的精彩斗牛，与大家共同享受有趣的斗牛。

到现在这个阶段为止，过去的6年岁月中，我与天神共同经历了40多场斗牛。我每个月都会去东山参加斗牛。虽然时间短暂，但是我可以和牛进行接触，从哲酱那里学习和牛相处的方式。哲酱并不会耐心细致地教我什么，他总是让我直接尝试之后再对我进行批评，有时还会斥责我，是一个严厉的师父。因此，最初的时候我感觉很困惑，总是做着与他所想象的相反的事情，一直很失败。我也曾被怒吼过。但是，自己一个人还不能在系牛处拴好天神的我，与刚开始养牛的时候相比，还是稍微成长了一点。在回归到平常的斗牛的过程中，我顺利地成为一个普通的（技能低的）牛主人。

当然，即使现在在广播中广播"天神号入场。这是东京大学菅丰教授的牛。菅老师是……"会把我的属性的异质性有趣地进行强调，但是，和我刚开始养牛的时候相比，我对这种异质性的话题已经非常淡然了。在地震后的复兴过程中成为势子、牛主人的我，因作为大学教授参加斗牛而引起关注，经常被报纸、电视、广播等媒体报道。媒体类似这样的话题并不是我所希望的，他们几乎都是接受了来自斗牛相关人员的委托。这是我所发挥的一种作用，在以"小千谷、东山的复兴，从斗牛开始"为口号的基础上，向世人广泛宣传以复兴为目标的东山人的活动情况。

进行这样的宣传以及在计划建设牛舍时撰写陈情书的作用，和我的研究者、大学教授的立场或者属性有着很大的关系。从某种意义上来说，与其说是我本身，倒不如说是我所附带的头衔更具有力量。我想这大概是只有拥有这个头衔的我才能够发挥的作用。

但是，所谓作用这种东西并不是只对我有什么特别的。并且，这也不是我故意推销而获得的作用。这是在我和斗牛朋友们一起参加的平常的斗牛活动之中，当地人对我进行理解而"发现"我的作用。而且，实际上，斗牛会成员以及有的并非成员的人也来帮助斗牛活动，他们都各自担负着不同的作用。

泉坊桑和忠坊桑不但发挥领导才能运营斗牛会，还利用广泛的人缘筹集斗牛会的礼金。势子当中的精英雅一君和担任势子长的隆酱、守君，他们担负着引导年轻人的作用。作为年轻成员的太郎和敬一君、上生君、健光君、佐藤桑、秀君、辉君、龙君、诚君、匡人君、敏树君、伸君、隼人君……他们作为花式势子总能让斗牛场气氛高涨。刚君管理着北斗会的主页，健君负责斗牛会主页动画的拍摄。在天神出战的时候，经常当我的"抓牛鼻"的同村的胜则君，在炎热的夏天会去买用于斗牛场上的水酒。事务能力较强的"纲挂"的凸桑承担协会的运营工作。久藏的爸爸桑心灵手巧，在整理斗牛场的时候大受欢迎。忠男桑发挥他的文才，将斗牛历史整理成书。另外，监物桑因为声音洪亮，作为斗牛场的播音员让现场高潮不断。虽然已经故去了，惣利[1]家的老爷爷总是坐在广播员

---

[1] 译注："惣利"是屋号。在日本，除姓氏外，各家各户还有一个通称，也叫"家名"或"门名"。由于在村落里姓氏相同的人家往往很多，故常以屋号等相称，以作区别。

的旁边,他的工作就是用麦克风大声吆喝或者喝倒彩。同时,吉坊桑的妈妈和女儿们都是书法高手,她们的工作就是书写礼金的展示牌。阳一君和伸治君、清桑、金兵卫桑他们都从事建筑业,其本领在斗牛场修理中是不可或缺的。小学生凛太郎穿着胶底布袜[1],认真地看守斗牛场的门。凛太郎的老爷爷哲太郎桑的谈资撼动着斗牛的时论。在斗牛的那一天,除斗牛会成员之外,还有很多村里的男男女女,他们在疏通交通、接待来访者以及打扫观众席等工作中努力着……在此无法把大家的名字都一一列举出来,这片土地上的很多人各自发挥着才能和作用,我只不过是作为新加入的异质性的"一个"选项参与进去而已。坚持饲养牛、享受牛、让人快乐,并且,在继续发挥我所能做到的日常实践的同时,对地域的社会和文化的问题以及与之相关的自己和他者的问题进行考究,是"我"从事知识生产和社会实践的一种方法。

在热衷于实践的研究者和专家当中,也有打着以有助于地域居民幸福为实践目标的幌子,而实际上将这里作为自己研究活动的实验台对地域以及文化的传承者进行消费的人。另外,也有试图对应该为社会所用的资源"高明"地进行搜刮的江湖专家。当然,我丝毫不认为在"大写的学问"中所进行的一切实践都是由这些研究者和专家完成的。而且,我想也正因为是这样的"大写

---

[1]译注:胶底布袜,是一种在足底部位加上橡胶底,母趾和其他四趾分开的劳动用厚布袜,因为其防滑、轻便、柔软、利于脚趾用力抓地的特征,特别适用于地面情况复杂的作业现场,深受农林业、建筑业等的行业的劳动者喜爱。

的学问"才有一些能够做的事情吧。可是，在各种各样的实践的场合，隐藏着表面看不见的，或者是看得见却摸不着的结构性力量以及不对称行为者之间的关系。对此，我主张与人类面对面的研究者还须更深刻地对自己进行自省自照。

前几天（2013年1月19日），我为了进行久违了的像调查的调查而去了小千谷。运用久违了的调查方法，在安静的房间里打开田野笔记本，转动IC录音机进行访谈调查。在那里，我请忠坊桑谈了谈有关受灾以后专家们的参与状态的一些想法。对于在地震后犹如雨后春笋般地涌现出来的研究者和专家，他抒发了如下的感受：

是来了很多，但要说能起一些作用的人……说起作用什么的，就是有什么引人注目的地方或者留下了什么东西，这没有啊！……嗯，好像大家都是这样的。只是积攒了很多名片。各种各样的大学，真的。结果，过了两三年左右，这个……就完全没有关系了啊！仅仅一次，只有一次。所以，（名片）都扔掉了。因为没有关系了，完全和我没关系了嘛！虽然被问了各种各样的事情，但是没有得到可参考的东西。被问了很多的事情。所以，对我来说，因为可参考的东西一个也没有听到，所以我觉得和我没有什么关系……

大家好像都是一样的。因此，如果能够再进一步深入地听一听的话，应该也有可以说的东西，但是，都只是浮于表面。只听表面的，只写表面的，这样好吗？嗯……

　　有各种各样的调查，都对我说请多多关照，不过，提问内容都比较肤浅，说肤浅什么的，就是提问的内容肤浅啊！

　　就是你去哪里避难了什么的。什么啊这是，这有什么用呢！因此，我说了很多事情，在地震发生的一两年之间，来了各种各样的人，我对他们说了很多事情，已经过去5年、6年了。但在后来发生的灾害（注：东日本大地震）中，如果我说过的话能够起点作用就好了，但就是对一个临时住宅来说，也一点儿变化都没有发生。即便如此，我到现在为止，还是腾出了时间，虽然对于一个人用不了多少时间，但我被几十个人问了各种各样的问题。那我到现在所讲的事情，有哪个人会想办法为我们做一件事情呢？谁也没有。

　　大概，应该是在很多地方听了很多人的话，在中越，所以说，连一件也没有成呢……所以，都只是听听而已。

　　与忠坊桑面对面踏踏实实地进行的这次访谈调查，是新潟中越地震后的第一次。与其说是访谈，还不如说几乎成了茶余饭后的会话，但他坦率地说出了自己内心的想法。据说，在我访问他的不久之前，他把地震以来到访的研究者和专家们的名片全部都烧光了。这真的是具有相当意识性的行为。他是为这个地区的复兴作出巨大贡献的一员，一直以来热心地充当很多外来研究者和专家们的调查的对象。但其结果，就是有这样一种无力感。从研究者和专家那里，他们没有听到任何对自己有帮助的事情。而且，他们说过的事情，在后来的灾害中没有起到任何的作用。调查到底是为了什么而进行的呢？在这之后所能够留下来的，仅有茫然的徒劳感。

这次两个半小时左右的访谈，我想，对忠坊桑来说，是经历了一次之前没有经历的奇妙的"调查"体验。我并不是仅仅听他讲述，我把自己在震灾后的种种局面中所体验到的、所感受到的、所考虑到的事情告诉了他。并且，关于我自身的问题，再加上震灾后到访的研究人员和专家的事情，也向他进行了讨教。我留在这里合适吗？我想成为牛主人可以吗？如果是在一般的情况下，虽然在"调查"中被对方问是经常的事情，但这次是要讲给对方听，而且还要求对方对眼前的人进行"评价"，忠坊桑他好像也很困惑。与当事人面对面交谈，不可能会作出真心的评价。

在访谈的最后，我说出了有点儿狂妄的大话："虽然在震灾以后具有很大能量的专家们来到这里，带来了正负两方面的影响，但我想用另外一种方式与当地的人们进行交往，想一直在这里往来。"对于我的想法，忠坊桑进行了如下的回答："啊！（菅老师，）请享受斗牛吧！"

我其实正在享受斗牛。并且，我也可以和大家在一起享受斗牛，太好了。对比别人获得更多享受的我来说，不用说忠坊桑的回答让我稍稍有点儿安心了。对于现在的我来说，对于从今以后我的人生而言，小千谷的斗牛之所以会成为无可替代的存在，是因为我得到了东山人的传授，这就是在这里忠坊桑抛给我的"请享受斗牛吧！"这句感人的话。

非我传授于人。是人传授于我。

第二部

重新审视学术的存在方式

1. "野之学问"的诞生及其衰退

非正统（vernacular）的知识/非正统（vernacular）性知识[1]

我在东山的这种体验，迫使我作为民俗学研究者对自己所钻研的学术本身进行内省。这成为我对自己以之为专业的民俗学的研究方式、方法、目的等，全部进行重新审视的重要契机。因为，这次经验使我意识到，有必要从根本上对迄今为止作为惯性把握的、理所当然的学术的存在形式进行再思考，并驱使我付诸行动。

---

[1] 译注：vernacular通常被译作"本国的、本地的、地方的、方言的、本乡的、日常语的、口语的、地方（特有）的、用地方语（土话）写的"，但作为术语，其意义则是"普通人的、非精英阶层的、地方的"等，很难翻译为与原义完全吻合的中文词汇。由于同样的原因，也很难翻译成日文汉语词，故作者在书中使用片假名表记，以最大限度保留这个术语在美国民俗学中的含义。经与作者讨论，本书将其翻译为"非正统"，并在相应位置标注英文原文以供参考。具体请参考作者注"vernacular"，以及作者关于这一问题的其他研究成果。

民俗学是近代的产物，有着难以拂拭的近代烙印。实际上，这不仅是日本的民俗学，而且是世界上的民俗学所共有的特征。像美国民俗学者理查德·鲍曼曾经论述的那样："越是探究我们所持有的基本概念的发生和发展，就会逐渐明白民俗学这一学术框架本身，正是产生于那些宣告代表近代到来的，新时代的社会变化。"（鲍曼，1989：175）如果没有近代那样的时代，民俗学就不会产生。

始于18世纪的欧洲工业革命，使人类的技术飞跃性地发展，这使过去的技术被视为低效陈旧之物，进而遭到抛弃。因工业革命而发达起来的工业和资本主义，导致社会、经济结构被根本性重构。进而，主权国家成立，将人们以均质化的意识形态、身份作为国民统合起来的民族国家诞生，自身的文化因而被发现，被创造。在近代这种状况下，对自身文化的历史进行怀旧性追溯，为逐渐消逝的自身文化感到惋惜，并发现异于其他国家或民族的自身文化的"本质"，进而使其复兴——在这样一些近代性的现象中，民俗学诞生了。

在近代性的状态中，"（类似于）民俗学（的学问）"在世界各处蓬勃兴起。民俗学在受近代性状况约束的同时，实现了在各国、各地兴起的原有的本土文化、非正统性（vernacular[1]）文化的自我

---

[1] vernacular是对美国民俗学而言很重要的关键词之一。vernacular原本是方言、本国话或是当地话之意。不是写在书籍上的文学性语言，而是指日常所讲的、使用的语言。这一词汇，现在扩大到文化意义上使用。简言之，vernacular是指当地或该国特有的日常文化，而且它不仅指存在于地理性空间的集团，而且还指阶层或民族集团、职业集团等多样的集团特有的日常文化。简言之，vernacular是形容"关于特定的时间和场所，或是集团内普遍共通的样式"的事物。

理解及其复兴运动（有时是反近代的抵抗运动），并在各国、各地对这种运动分别加以学术化。

当然，民俗学诞生的国家和地区，其近代化的状况是不相同的。产业革命引起的工业化、经济资本主义化以及民族国家化，各国快慢不均。同时，既有发动殖民地主义、帝国主义侵略的国家，也有成为牺牲品而殖民地化、长期失去主权的国家。因此，民俗学的目的、方法、对象，以及以民俗作为自身文化定位源泉的理由、程度等，在民俗学分别生成的国家和地区也呈现巨大差异。

一般认为，以19世纪中叶"folklore（在日本，译为'民俗'或'民俗学'）"一词在英国被发明，19世纪末其学会在伦敦设立为开端，类似于民俗学的学问其创造和成立在世界各地展开。但是，不同国家和地区的民俗学虽然在研究对象和方法上具有相似性，却并非单系进化，而是多系进化的。这是学院主义民俗学所具有的最大特征。

也就是说，民俗学这一学科，会受到其发生的国家或地区的文化、社会的强大制约。世界上大多数民俗学，与其各自的近代状况相适应，分别拥有其独立的发展谱系，不同的国家会生成不同的民俗学。因此，每个国家的民俗学，都相当孤立地发展出了独自的特征。而在日本，民俗学的历史与其他向海外寻求其渊源的学科的历史之间，存在着很大差异。

当然，民俗学的国际性信息传递一直在一定程度上存在，并且形成了影响，但并未能为不同国家的民俗学带来决定性的改变。究其原因，是因为民俗学这一学问本身，与其研究对象民俗一样，是各自分别存在的文化现象。因为，民俗学不仅是研究根植于各地的非正统（vernacular）性文化的学问，本来也是根植于各地的非正统（vernacular）性知识生产模式，进一步说，其本身就是非正统（vernacular）性文化。从日本的人文科学，例如历史学、文学等，也能明显地看到这样的性质。只不过，其中民俗学因为循着独特的历史发展而来，在人文科学中也较其他学科带有更强的"根植于各地的非正统（vernacular）性文化"的色彩。日本的民俗学可以被理解为日本的近代民众运动，换一种更加广义的说法，可以被理解为日本近代的知识生产文化。

民俗学这种"不仅是研究根植于各地的非正统（vernacular）性文化的学问，本来也是根植于各地的非正统（vernacular）性知识生产的模式"的特征，促使民俗学界内外形成了一种不是以民俗为研究对象，而是以民俗学为研究对象的"独特的"研究领域。在日本的学院派学术中，恐怕没有哪个学科像民俗学这样被客体化，被表象，每一个细节都被反复揣摩。如果将与民俗学创始者柳田国男交织进行的研究也包含在内的话，其数量可谓庞大。讽刺的是，在慨叹民俗学本身时运不佳的时候，大家对民俗学的研究却依然存在，甚至说呈现活跃气象也不为过。

与其将这种研究视为各学科普遍进行的以学科发展为目的的学术史研究，不如将之视作日本近代史研究的一部分更容易让人理解。日本近代史、思想史、社会学等学科所进行的"民俗学"学，是将民俗学当作日本近代知识生产的一种模式或者方法进行省察的，通过这些研究，人们可以获得有助于思考今后民俗学的前进方向的有益见解。现在钻研民俗学的研究者，不仅要学习这些见解所体现的"过去"的知识生产模式，还应该将其与"现在"的民俗学结合起来，为了面向"未来"的知识生产发展民俗学去实践这些方法。这在对新的知识生产和社会实践的模式转换进行思考时，是非常富有启发性的。在"前言"中，我介绍了鬼头秀一"民俗学现在的存在方式反过来映照着学问的存在方式"（鬼头，2012：264）的说法，也就是说，民俗学的钻研并不仅仅是民俗学的存在方式，还与学术整体存在方式的探究相关联。

作为民间学的民俗学

历史学家鹿野政直指出，明治维新以后，日本为了与欧美比肩，国家积极导入能够有助于富国强兵的西洋学问。这些西洋学问后来称为"官学学院派学术"，成为现在的学术的基础（鹿野，1983）。

鹿野将在近世为江户幕府的正式学问朱子学所常用，近代以后意指官立的高等教育、研究机构的"官学"一词定义为"不限定于制度，而是指包含了在当中形成的学问内容，以及从事这些学问的人的自我意识的，学问的社会性存在模式的整体"（鹿野，1983：8），并将其与"学院派学术"一语结合起来。关于近代日本的学院派学术的贡献，鹿野作了以下阐述：

　　我认为，学问当然必须是精致的才能称得起这个称呼，在这个意义上，我是几位尊敬学院派学术光辉灿烂成果的人之一。实际上, 近代日本的学院派学术, 是以在国家主导下的对欧美诸学科成果的摄取为主调, 达到一定高度水准, 幸或不幸, 在引领日本的学术的同时, 起到为领导层服务的作用, 其中尤其寄望于自然科学方面的技术导入和革新。

仅从以上论述来看, 可能会将鹿野视作学院派学术的信奉者, 实际上并非如此。鹿野继续论述道:

> 但是, 学院派学术与国家目的是如此紧密地联系在一起, 在此意义上, 其目的是为富国强兵服务。由此, 学院派学术被"御用学""政策学""毫不掩饰的特权之学""输入学"等以及"学阀"的形象所缠绕。这一名称, 不时有与"官学学院派"重合的倾向。它广泛通用, 说明这种包括暗示意义在内, 在普通人当中存在着心领神会的共同理解。……研究经费和社会地位都得到保障, 以出色的人才为其从业者的学院派学术, 在国家的光芒映照之下, 作为一个权威, 成为学术成果几近独占性的供给源。(鹿野, 1983: 8—9)

日本近代的官学学院派导入和知识生产平台的独占现象, 对明治维新以后以与欧美列强比肩为目标的国家而言是必然的。作为正统的官学学院派得到国家权威和权力的支持, 又或是作为这一权威和权力所支持的学问, 成为与之协作性的、共犯性的存在。同时, 它制造出一种排斥和蔑视从地方、地域的文化性力量中产生的，重视经验的近世的旧有知识生产体系的价值判断。但是，与这种从上到下的方式不同的学术取向，又或者是对这样一种官学源流进行抵抗的学术取向，作为反作用在同一时代单方面诞生了。鹿野将这样的学术命名为"民间学"。

在官学学院派席卷天下的同时，由于将旧有文化视作"迷蒙"的启蒙思想，民间学所受到的排斥加速了，但民间学是以恢复旧有文化价值的正当权利为目标的旧有之学，成立于学院派之外，就这一点而言，它处于与官学完全相反的位置。这就是20世纪10年代到20世纪30年代初的大正民主时代中，使学界发生地壳变动的个性化的"野之学问"学科群，以及"异端之学"学科群。

鹿野在说到可以称为民间学代表的学科时，首先提出了柳田国男的民俗学。进而，他将伊波普猷的冲绳学、折口信夫的古代学、牧口常三郎的人生地理学、金田一京助的阿伊努学、津田左右吉的历史学、南方熊楠的生物学、柳宗悦的民艺论、喜田贞吉的被歧视部落研究、土田杏村的哲学、今和次郎的考现学、高群逸枝的女性史学、森本六尔的考古学等作为一系列的民间学（鹿野，1983：7）。并且，从这些民间学里，鹿野发现了几个共通之处。

第一，正如已经指出过的那样，这些学术群是在学院派学术的外部形成的。它们具有显著的在野性质，捡起那些从近代兴起的官学学院派脱落的，或被官学学院派所抛弃的对象或参与者。鹿野还指出，虽然这些学问在学院派之外，但它们的创始人大多并非与学院派无缘，而是多少由作为学院派化身的帝国大学所培养。（鹿野，1983：49）但是，这些学问本身，却并没有作为帝国大学的"讲座"被祭上神坛。

第二，这些学问并非由学者，而是由居住者所承担的。由于在学院派之外产生的学问的性质，它们所钻研的主题被设定为民众、生活、日常性、地域等官学所不关注的对象。同时，它们的参与者也以学院派之外的，也就是在野的实践者为骨干。因为，住在地方的居住者们成为民间学的参与者。因为，他们是"有着做学问的志向，却由于众多来自环境的不同原因而不得不放弃的人"，民间学成为"在作为是否能够进入学界而言最为决定性条件的学历方面，只有（甚至没有）'不正规'学历的人进入学问世界"的平台。（鹿野，1983：204－205）

尤其是当时可以被称作地方知识阶层的小学教师，积极地加入到这样的平台来。他们当中有不少求知欲旺盛、能力很强的人，但由于环境造成的各种原因（主要是经济上的问题），无法进入由富裕的精英阶层所构成的官学学院派。因此，他们更有必要在身边建造一个属于自己的知识生产平台，所以积极地参与到这样的平台中去。从这个角度看，则民间学"第一意义上是作为'运动'存在的，这正是活力的源泉"（鹿野，1983：207）。但是，这样的居住者虽然参加与官学学院派相对峙的运动，但他们中的大多数却是得到了受教育机会，在地方应该被视作属于知识分子阶层的人。恐怕必须从这里读取这些运动的参与者所属阶层的限定性。当时，被自我文化和地方文化唤起的阶层在地方并不是普遍的，同时，这种对文化进行探究和表现所需要的素养，理所当然与现在相比是更为局限的。

接下来是第三点，民间学是以"作为想法的归纳法"（鹿野，1983：208）为依据，是从日常世界出发，对其进行观察、搜集事例，一种乍看起来朴素的手法。对刚刚产生的新学问而言，这恐怕是必然的。它们没有可以依据的理论、完全合适的既有理论等，毋宁说是为了自己去建构理论，不得不依赖这样看起来很朴素的手法。不对，如果更加积极一点去评价的话，可以说自己去"听""看""调查""书写"这种行为本身就是重要的。尝试着自己去发现、意识、解读、表现一般情况下会被忽视的身边的平凡问题，也就是将知识生产本身作为目的的做法，在生活中被认为是必要的。

最后，鹿野指出这些民间学所表现的"文体"是带有日常性的。在现今的学院派世界里，被称为"学院派书写"的专业性技巧受到重视，在专业教育的场合就此对学生进行规范性的教学。在民间学诞生的时代，因为学院派书写是"汉语词很多的官僚风格文体"，很多民间学换成了"多用日常用语的文体"（鹿野，1983：212）。这应该被认为是一种在表现手法上将知识生产深深植入居住者当中的积极姿态。实际上，在知识生产上，专业研究者不仅独占知识，还独占其表现方法。

那么，在学院派以外的知识生产场合，作为参与者的居住者们以自己的方法调查、搜集信息，以自己的语言去表述的民间学的性质，在被视为民间学的其中一种的民俗学上是如何具体表现的呢？让我们看看这个学科的发展历程。

"野之学问"的诞生

　　与现在的民俗学直接相延续的初期民俗学（当时并不称为民俗学，而是称作"乡土研究"或"民间传承"），也就是在20世纪初由柳田国男和他的信奉者构成的第一代研究者所创立的民俗学，作为将在野的、非专业的人们集结起来的"学问"展开。因为这个原因，后世将他们的学问用"野之学问"来表现。

　　作为集结这一学问的原点发挥了巨大作用的，是1935年为纪念柳田60周岁而策划举办的日本民俗学讲习会，和以此为契机将全国的预备民俗学研究者集合起来，以全国规模组织化的"民间传承之会（日本民俗学会前身）"。该会将在各地已经渐成气候的民俗谈话会、乡土研究会等地方活动统括起来，发挥着一边汲取各地的信息，一边将柳田等人构想的"民俗学"向各地普及的功能。

　　通常，在讨论"学会"等学术组织，或者说是研究者的行业组织时，绝大多数学科关心的都不过是老生常谈式的圈内话题而已，但是像前面叙述过的那样，将民俗学本身视作"根植于各地的非正统（vernacular）性知识"或是日本近代的知识生产文化、近代民众运动文化，则这样的组织及这个组织的知识生产系统，便成为一种作为近代文化的重要讨论事项。不应该将其视作现在这样简单的"学会"，而应该视作近代知识生产和社会实践运动的平台。因为，民俗学会在其内在当中，一直包含着文化的问题。

　　从这样的观点去审视民间传承之会，将其归入当时官学学院派所把持的知识生产体系平台也未尝不可。但是，它的参与者与官学学院派的参与者有巨大差异。同时，它所采用的知识生产方法，与官学学院派也有很大不同。这个组织的特质，在其刊行的杂志《民间传承》的性质中得到了很好的体现。在这本杂志上，卷头论文限制在最多两页的篇幅，与其相同分量的篇幅分配给介绍作为地方单位的研究会的动向的"学会消息"，其后是学会会员以300字上下发表自己的疑问、发现等的"会员通信"。（鹤见，1998：33）简言之，在学会的组织化和杂志这种媒体的使用方面，与官学学院派的近代知识生产方法是相似的，但它的内在实态则埋藏着对地方"野之学问"的鼓舞，以及对其进行全国性统合的运动性质。

这种方法还普及到了地方层面。在民间传承之会创立的1935年，聚集了369名会员，其后经过若干增减，1944年成长为拥有731名成员的团体。此外，在杂志《民间传承》刊行的时代，地方的民俗学类杂志也一部接一部地在各地同时刊行。（鹤见，1998：37—57）

在民间传承之会的组织化之前，各地就已经存在可以称作民俗学预备形态的地方民间学运动，简单地说，民俗学就是柳田及其身边的门人将这样的运动进行全国性统合所形成的完成态。但是，这样的民俗学创建运动，同时还有着不能简单地评价成居住者所进行的知识生产模式生成运动的复杂多面性。因为，它一方面有着民众运动形成知识生产的侧面，同时也有中央对地方进行吸收，使学识阶层化的侧面。

　　柳田所进行的组织化，无疑有可能被视作中央将地方的知识生产集中收取，为中央的知识生产所用的剥削机构化，或是使地方的人们从属于以柳田为中心的知识生产体系的中央集权化。确实，无论柳田的意图是什么，在后来的组织化过程中形成了中央和地方的阶层化（鹤见，1998：40），这一体系以地方信息收取机构的方式运转，这是无可否认的。当时的民俗学所孕育的严重问题，达到了使曾随柳田学习的民族学者冈正雄说出"一将功成万骨枯"这样关于柳田的"坏话"，指责"柳田学的基础资料是众多有名、无名报告者的报告"，"不能忘记民俗学也有无名战士、常民"的程度。（冈，1973：134）

　　但是，有一种看法认为，地方和中央虽然包含着这样的构造性非对称，同时也是协作性的，这种观点也可以成立。这种观点认为，民间传承之会在最初设立之时也曾经摸索过各地的支部制，但实际上尊重地方人士已经构成的乡土研究会的同时，形成了以大同团结为目标的松散的组织结构。在这个意义上，冈所说的"'一将功成万骨枯'的说法，将战时和战后加入柳田民俗学世界的众多地方研究者的声音封印住了"（鹤见，1998：44）。

　　此外，民俗学者川森博司认为，地方调查者的主体性，不能从学院派研究体系的上下级关系去讨论。（川森，2007）川森摘取了在宫本常一《被忘记的日本人》中登场的福岛县热心农业家，曾经师从柳田国男，1935年创设磐城民俗研究会的高木诚一所说的这一段话：

这一学问（注：民俗学）给了我这样的人以勇气啊，因为它告诉我，可以不用觉得我们的生活是卑下的营生……（宫本，1984：288—289）

这段话虽然不能说是全部，但应该反映了当时由民间传承之会集合起来的人们的真实声音。应该认为，存在地方和中央的阶层化问题的同时，也确实存在因而获得勇气的人们。虽然将其视作中央利用地方认识对构造性差别的无知形成的榨取关系，或是将其视作地方人士依附于柳田这个中央的权威主义的显露而彻底否定它是很容易的，但当时不能如此粗暴否定的知识生产状况（人们没有发声的平台和方法），以及在知识生产和社会实践上意欲高扬的人们的存在，都是必须考虑到的。

高木接着说了一下这段话：

这是农民必须要做的学问啊。大家都这样去回顾自己的生活的话，农民的日子应该也会好起来的。（宫本，1984：289）

初期的民俗学，是在地方的，为官学学院派等知识生产所排除、所遗忘的人们，制造从其他相位参与知识生产机会的学问，被他们视作通过发现和探究自己眼前的问题，由此获得"幸福"的学问这一事实，我们有必要铭记在心。

"野之学问"的方法

那么，这样作为"野之学问"兴起的民俗学，将在中央和地方问题上难以简单地分出黑白的困难包含其中，但是在这样看起来像是中央集权化的民俗学创设运动的背后，实际上似乎也存在地方的人们一边与中央联结，一边在地方维持着自己的知识生产这样的现实。下面，将以福冈县小仓乡土会研究的例子（重信，2009）为基础，简单地对那个时代的地方民俗学运动进行简短的素描。

根据重信幸彦的记述，1935年前后，以耳鼻喉科医生曾田共助为中心结成了小仓乡土会，发行同仁杂志《丰前》，但负责人曾田的书斋可以自由出入，他的藏书也可以自由阅览和借出，因而具有类似于同仁聚会沙龙的功能。这个会是没有特别设定会费、会则等规定的，松散的集合。重信将这样的地方实践形式称为"实践的素养（或是素养的实践）"。他从这里发现的，是"以相互间能够日常碰面的地域为根据地，经过旧制中学、商业学校等中等以上教育，阅读铅字已经习惯化，同时具有自己调查思考，用文字表现的能力的人们的可能性"（重信，2009：143）。

这个会的骨干成员，还成为几乎同时结成的全国组织民间传承之会的成员，并受到柳田或其门下弟子的熏陶。而在民间传承的机关杂志上，他们的活动被批评为重视文献和以故乡为荣的色彩浓厚。简单地说，这是中央的民俗学研究者对地方多样的知识尚处于混合物状态的形式加以修正，配合自己所构想的民俗学使其进行纯粹化的尝试。

据重信的论述，当时的《丰前》是由基于文献资料的历史性文章和民俗学性文章，以及对故老的访谈和"老树调查"、座谈会等的文章三个大类构成的。而中央的民俗学研究者们，对其中的第二类民俗学性文章给与肯定，对其他则是否定的。小仓乡土会以第三类的故老访谈和"老树调查"、座谈会为主要活动继续了下来。因为，这是以由于维新期而焦土化的小仓的历史消失这样一种身边的问题驱动下形成的，"柳田国男等人反复努力要求他们转向民俗学，小仓乡土会也绝不会放弃的实践"（重信，2009：150）。

重信还揭示了当时小仓的文化团体、艺文同仁等聚散离合，发行文学领域、戏剧儿童文学、考古学、历史学等为数众多的多样性同仁杂志，同一个人横跨不同领域参与几个同仁杂志或团体，而民俗学不过是其中一个选择的情况。（重信，2009：143－146）必须看到，这样一种状况决不仅限于小仓，而是在当时日本各地的知识生产中广为存在的现象。同样的，社会学者佐藤健二也在关注到柳田国男所起的组织者，或者说是调度者作用的同时，将民俗学作为一个由多个主体交织而成的运动体去把握，指出了把握在各地展开的多元形态的"数个民俗学"的展望的重要性，对偏重于中央的民俗学史的现象提出了批评。要对该时代的民俗学进行实体性的把握，需要同时理解作为包括誊写版在内的同仁性地方"杂志"这样一种"广场""学校"这样一种"装置"。（佐藤，2011b）

在人文社会科学的学院派学术还没有像现在这样体系化的时代，在日本也有很多人通过历史、文学等交织在一起的非定型化的知识活动，令思考、表现和传播自己身边平凡问题的草根知识的方法蓬勃兴起。而且，它们在官学学院主义被视作正统的风潮当中，形成几个小型的文化运动而显现出来。而地方的民俗学就是其中的一个。因为，它是在乡土的知识生产的新选项之一。

这样看的话，从这一时期柳田等人展开的民俗学创立活动，应该可以读到一方面对地方的民俗学起到督促鼓励的作用，为地方知识生产体系的增殖和加速作出一定贡献的同时，另一方面一定程度上制约了知识生产主体性的两面性。从这里，可以看到20世纪初民俗学萌芽期（民间学生成期）的细节所显现的，中央与地方相互交流的交错状知识生产模式。如此一来，则需要一种将民俗学的性质定义为刚才介绍过的民间学以上的方法，从初期民俗学的内部进行更加细致的解读。因为，以在学院派以外的知识生产平台，作为其参与者的居住者以自己的方法进行调查、收集信息、用自己的语言来说明这样一种简单的图式，已经无法说清楚它所拥有的深度了。

如果不加细究地咀嚼一下我上面所作并不全面的观点梳理的话，也许可以认为，初期民俗学知识生产的真正承担者，正是住在地方的居住者这一主体。但是，事情并非如此简单。前述的佐藤健二指出，这样一种重视属性资格的解释，其结果是会陷入直接以自文化价值为前提的文化相对主义的圈套。对柳田就乡土研究进行解说"我们的计划是，将这些（注：日本人的生活，尤其是作为民族的一个群体的过去的经历）放在各自的乡土，或透过乡土人的意识感觉去学习新的知识"（柳田，1963：67）中，佐藤关注的不是"放在乡土"这一著名的说法，而是"通透乡土人的意识感觉"这一表现，将这一著名说法重新作出发展式解释，认为它并非重视属性，而是重视方法。

在佐藤创造性的独特解释中，"乡土（无法置换为现实的场所）"是方法，将其视作"各自的身体中，换言之是作为未经认知加工的素材被给与的日常，是作为实践被熟练使用和再生产的'意识感觉'的存在形式"。（佐藤，2011a：521）同时，还将柳田的说法理解为"试图将包括语言、身体、他者在内，该主体中内在的'乡土'作为一种认识方法加以熟练使用，进而创造出作为批评方法的新事物的根据地这样一种要求"。（佐藤，1987：273）

初期的民俗学者（包括柳田在内）在多大程度上理解、自觉和实践了"乡土"这一方法，是不确定的。但是，如果将这样的方法性解释放在一边，将"乡土"与地方、地域这样一种地理结合起来进行解释，并仅仅局限于由这种地理所规定的资格属性去解释的话，则柳田等对乡土人而言的外地人就完全成为他者，而理解超过他们自己的乡土去理解他者的乡土理论上是不可能的。因此，只能肯定佐藤的解释。

此外，这样的深度解读，可以说其意义并非存在于回顾初期民俗学时，而是在一般认为那样一种形式已经从学术前台消失的现在的民俗学之下，对研究者的做法进行重新思考时具有积极意义。就佐藤这一对柳田进行发展式解释的方法，为了现在的民俗学进一步再解释，并非勉强和无意义的。进而，对实体性的"在乡土"这样一种柳田的表现所包含的另一层意义，也没有抛弃的必要。因为，以"乡土"为方法，并将其发展性地解释为"等身大的生活空间"这样一个方法展开的平台，也能成为有效的视角。同时，这一方法和平台，也在后面将要论述的当今的"新的野之学问"中得到发展。

但是，这里有一个需要先留意的问题。那就是在地方的学识内部的主导权和权威。在初期的民俗学运动中，如前文所指出的那样，存在柳田的权威化和学识的中央集权化之一负的侧面。与此相同的负的侧面，是否也能从当时地方的知识生产中看到呢？"乡土"这一方法和平台，以及作为这一知识和方法的参与者的人们的行为，从现代的学识构成的理想形象来讲，很容易得到"民众文化觉醒运动"或者是"参与民众的知识生产"等光芒赫赫的高度评价。但是，在过分追求理想形象之下，存在着被过度美化、"被吹捧"的危险性。

虽然我经验甚少，但是曾经看到过在地方的民俗学活动中存在的地方独自的权威性、其内部的基层性之类困难。在地方的民俗学知识生产平台，成为核心的乡土史家们掌握了权威和权力，其他人则盲从或被置于想表达异议也无法表达的位置。这样的有力者，又与中央的学者、学会相联结而获得更高的权威性。进而，加入中央的学会，也必须得到这些有力者的许可或受其支配。当然，这应该并非制度或规定，而只是地方的知识生产群体的习惯而已，但它抑制了自由议论和知识性活动这一点是毫无疑问的。

我的经验是二十年左右之前的事情，不能简单地将其扩大到初期民俗学运动，但有必要就与此相同的构造性难题是否存在于地方的"野之学问"进行论证。在此，先将对过去的"野之学问"的细致实相进行论证一事，交给"民俗学"学的专家们，我们必须将这样的难题包括在内，冷静地去接受曾经的"野之学问"。

"野之学问"的学院派化

作为"野之学问"兴起的初期民俗学，其后虽然不完全，但也慢慢走上了学院派化的道路。并且，这种学院派化令民俗学变成"民间文化解释学"，使民俗学失去了本来所拥有的作为"野之学问"的目的与方法，进而使其失去了运动性，最终使其失去了存在于现代社会的意义与力量。民俗学的学院派化，在20世纪50年代以后愈发加速。

为了应对学术世界，1935年以"民间传承之会"作为起点的民间学术组织，在1949年改名为"日本民俗学会"。就这样，变身成为和将官学学院派作为头等大事的组织相同的"学会"。虽然柳田当初似乎对这一改名相当反对，但最后还是同意了。同时，它的机关杂志名称虽然最初还保留了原来的《民间传承》，但在1953年也改名为《日本民俗学》。到了1958年，东京教育大学（1978年停办）、成城大学设置民俗学专门课程，所谓高等教育机构对学生进行民俗学教育自此开始。由此，职业性的民俗学家，亦即所谓"学院派民俗学"[1]的研究者开始被生产。研究者再生产系统的启动，对此前一直由在野的人们支撑的民俗学是一件划时代的大事。

此外，就在这一年以东京教育大学的成员为中心，开始进行利用文部科学省科学研究费补助金这一学术世界的竞争性资金展开，以"民俗综合调查"为题的大规模、定型化、组织化的"科学性调查研究"，形成了关于民俗学的调查研究、其成果的表现形式等的一个"模板"。进而，刚刚入学的民俗学专业学生（其后作为第二代活跃在学界）与教师一起被动员起来，这一调查也起到了教育体系的作用。这样的教育、研究体系的整备过程中诞生的研究者，可以被定位为日本民俗学的第二代。

第二代是与第一代研究者里有志于学院派化的人一起，致力于将民俗学确立为作为独立的普通学问的世代。这当中给民俗学带来巨大影响的，是东京教育大学系统的流派。置身于大学的同时，受到柳田熏陶的历史学者和歌森太郎、樱井德太郎等，以及在新的民俗学课堂上执起教鞭的直江广治、竹田旦等有志于学院化的第一代部分人，培养了继承其事业的宫田登、福田亚细男这些第二代的核心研究者。当然，大藤时彦等柳田直系的第一代学

---

[1] 学院派民俗学（academic folklore），或学院派民俗学者（academic folklorist）的表现，在日本产生了很大误解，academic一词，在日本大多作为"学问的、学术的、学究的、专业的"形容词使用。因为在野的研究者也参与"学问的、学术的、学究的、专业的"研究，所以也被认识为学院派（工作从事者）的研究者。但是，在英语中则与作为本书课题的立场和职业等并非无关。academic作为名词时，则有大学教师、研究者、有学术经验者等意义，本书也以此意义为前提使用。

者流派，和继承折口信夫系谱的国学院系流派，以及关西的流派等，各有特色的多个系统的民俗学研究者同时大量存在，但在日本民俗学的学院化过程中，东京教育大学系统的流派所作的贡献具有无法忽视的巨大意义。

在学院派中接受民俗学的专业教育，作为职业研究者被培养起来的第二代学院派研究者在学术的展开，或者说是"学会"这一学术组织中掌握了主导权。进而，他们不仅对柳田国男等所提倡的研究方法进行再检讨，致力于其修正和更改，还作为入门书、概论书、手册、理论书、辞典、讲座等，大量的基础性书籍的代表编纂者活跃于学界。这些活动，具有单纯书籍编纂以上的意义。这些书籍的刊行，是在推进民俗学的体系化与科学化、组织化、制度化（这正是学院派的特性）意图下进行的。

这些特殊的著作群不同于一般的论著，规定了民俗学这一学科的具体形象。它们作为民俗学的"教科书""课本"限制了后代研究者的思维，而且当民俗学以外的领域与民俗学的形象相结合时，被用作具体的资料。因为，第二代研究者所主导的日本民俗学基础性著作的编纂，是构筑民俗学作为学科的基础，对民俗学加以"标准化"的尝试。这种标准化的做法，对在学院化时代不断被培养的职业性学院派民俗学者而言，可以说是理所当然的摸索和尝试。同时，若说这样的做法不仅在民俗学，在其他学科也是必然通过的一点，亦不为过。此外，在这样的学术标准化过程中，虽然为数甚少，但与之并行地在大学里也开拓了一些日本民俗学的教师职位，同时，民俗学在学术世界里总算是被作为一个学科加以认识。也就说，培育第二代研究者，在他们的成长过程中，民俗学作为一个学科得到了官方的、社会性的、制度性的承认。因为，这样的一些做法，在与官学学院派深具渊源的正统学术群掌握话语权的世界里，对民俗学虽然微小但占据了一定的空间，也就是学院派民俗学的生成，作出了不小的"贡献"。

在下文将会再作详细解释，1950年文化财保护法制定，其中包含"民俗资料"一事，也促进了民俗学的制度化。对文化财里包含"民俗资料"一点，与学院派民俗学之间保持一条界线的前大藏大臣涩泽敬三[1]起了很大作用，受其影响的涩泽流派研究者首先进入了文化行政、文化政策内部。（菊地，2001）由于他们的行动，日本民俗学诞生了与学院派民俗学同样有存在感的"公共部门的民俗学（public sector folklore）"。那以后，国家层面的文化财保护时运高涨，其影响波及到了地方层面，社会上对民俗学或民俗文化的重要性有了一定认识。同时，很多第二代进入了负责博物馆和文化厅、地方自治体等文化行政的公共部门。

进而，在20世纪70年代，伴随着由"发现日本"这一口号所代表的观光热，普通民众对民俗的社会性认知度和消费行动高涨起来。此外，第二代研究者推进了很多后面将要叙述的都道府县和市町村等自治体史编纂事业，通过发动包括学生在内的大量民

---

[1]涩泽敬三（1896—1963）是缔造了日本近代经济的实业家涩泽荣一之孙，其本人也历任日本银行总裁、大藏大臣。涩泽为日本民俗学开创者柳田国男所倾倒，在开设私人博物阁楼博物馆，自己进行民俗学研究的同时，以其充裕的资金作为资助者支持民俗学研究者。同时，他为日本的公共部门民俗学研究的形成作出很大贡献。

俗学研究者，在日本的公共部门民俗学中起到了一定的作用。这样一种状况，显然与学院派民俗学的制度性"成长"并行，对民俗学整体的"成长"起了不少作用。选择这样的"成长"，对在官学学院派面前感到相当自卑的民俗学者而言，恐怕可以说是当然的归结。同时，当时的民俗学研究者品尝着由于这种"成长"带来的表面上的活力感。

通过第二代研究者制度性的学院化强化努力，以20世纪80年代为巅峰，尽管虚弱，民俗学在学术世界获得了一定的地位。然而，其结果是追随第二世代的主导者的民俗学研究者们，陷入了民俗学已经作为一个稳定的学科得以确立的错觉，获得了充实感。同时，关于民俗学的研究方法和目的、对象，惰性地固定在第二世代主导者们所标准化的历史中心主义，导致民俗学的僵化。

乍一看日本民俗学仿佛呈现一片活跃的20世纪70—80年代，实际上，这是一个在其背后孕育了现在日本民俗学界学术性空洞化的时代。以历史学性民俗为标榜的流派掌握着学界的主导权，日本民俗学走向片面的过程中，有着与此不同的研究取向和对象、学术兴趣的人们以其研究对象、领域等为主题建立了新的学术组织。

1965年，以标榜民俗学的学院化的东京教育大学一系研究者为中心成立了大冢民俗学会。这是与日本民俗学会所存在的多样化属性的会员相比，相对地偏向具有学院派属性的研究者集结而成的学术组织。另一方面，作为不囿于即成之学的新学问平台，日本生活学会在1972年成立。以今和次郎为第一代会长，梅棹忠夫和加藤秀俊、多田太郎以及宫本常一等集结而成的新学问，虽然不是从民俗学内部发生的，但是在包含了日本民俗学在学院化过程中剥落的部分，将丰富的生活整体对象化这一点上，必须将其理解为直接提出日本民俗学会的反对命题而成的学问。

此外，日本民具学会在1975年，日本口承文艺学会在1977年，民俗艺能学会在1984年陆续成立等，围绕着民俗学的"学会"的细分化，在这一时代不断发展。它们原本的目的可能在于将研究对象特定化，深化个别问题研究，但现实情况是，它暴露了在被历史民俗学派掌握主导权的日本民俗学会，这样一些将民具、口承文艺、艺能等作为主要领域进行讨论是困难的。

就是这样，"野之学问"在其学院化的过程中，被剥夺了"野"性。

第一代的柳田国男，以被定位为重要概念的民间传承一词取代民俗，此外，还最终承认了以作为民间学的"民间传承论"取代本来就避免使用的"民俗学"这一学科名称。第二代从根本改变了柳田的这一"野之学问"，将"会"变成"学会"的形式，尽管不完全，但也建立了学院派的共同体。通过这一组织发行的"杂志"采用同行评议，勉强在装出与其他学科同样的学院派性质一事上取得成功，但另一方面排除了曾经的参与者们的声音、话语和文字，他们的身影也悄无声息地从学问的前台消失了。在让民俗学成为"普通"的学问这一目的上，这是必经之路。但其结果是，民俗学抛弃了它作为"野之学问"的异色性。

但是，尽管如此，这种曾经与"野之学问"相关联的参与者，直到如今也没有完全消失。即使是在推进学院化以后，还是有非职业性的在野的研究者留在"学会"中，只不过他们的身影和活动，已经无法从"学会"这一学术平台看到了。

2.被割裂的知识生产参与者们

知识生产参与者的异质性

现在的民俗学参与者是很多种多样的。但是，这种多样且异质的人们的关系和联动性，与当年柳田标榜"野之学问"的时候相比，已经变得匮乏了。

根据使用近年日本民俗学会的会员名录所进行的关于会员属性的分析，会员中有大学等研究机构的学院派研究者约500名，但其中从事民俗学教育研究的民俗学研究者只有130—140名。此外还有博物馆、文书馆等公共部门的民俗学研究者约360名，教师120名，一般企业100名，学生会员300名，而工作单位不详的会员达到500名。（岩本，2012：19—21）

工作单位不详的会员中可能也包含从学院派民俗学研究者等退休的人，但是将他们视作从制度性的学院派以外，对民俗学的工作抱有关心或者参与其中的人，应该也没有什么不妥。这些位于学院派之外的多数派的存在，说明民俗学至今仍然在属性意义上（而非作为方法的一面）有所改变的同时，还继承着过去"野之学问"的血脉。因为在学院化以后，民俗学界仍然由异质属性、立场性的人们所构成，这一学问的参与者的异质性特征，可以说与其他人文社会科学相比之下更加明显。虽然只是推测，但其比例应该高于被视作相邻学科的日本文化人类学会、日本社会学会等学会。这种情况体现了日本民俗学会作为学术世界的专家集团的特异性。带有不同目的的人们，带有不同关心的人们，以及带有不同任务的人们混杂在一个组织当中，职业方面则不限于学院派，而是包含公共部门在内的多种多样的立场的人们，都在这一世界中活动。

在其他学科，对该门学问进行研究的，通常以在研究生院等接受过该学科专业教育，其后在大学或研究所这样一些专业机构继续进行教育和研究的所谓职业性研究者为中心构成。普通学科的学问参与者，一定程度上是均质的（从坏的角度来讲则是片面的）。而从制度上支撑学问的"学会"这一组织的一般形式，则是以这种职业性的专家占据多数，由专家设定价值标准，互相评价的"期刊共同体"（藤垣，2003：16—17）的方式对组织进行主导。但是，民俗学则并非仅仅由这样的职业性专家集团负责研究推进和言论形成、组织运营，而是具有多样的人们参与其中的可能性。这种参与学问的人们的异质性，从其他学科看是异样的，且成为民俗学作为学问被判断为成熟度低（业余学问）的理由之一。

但是，正如前文所述，从日本民俗学独特的起步阶段而言，这是理所当然的。同时，这一特征即使作为普通的独立学科，在学术世界与其他学科竞争时是不利因素，但另一方面，也必须将其理解为，包含了其他学科所无法具备的"学问"形式的可能性的有利因素。

然而，就现实而言，这样一种以民俗学进行知识生产的平台，实际上已经被割裂了。同时，克服这种割裂，重新联结起来，已经成为民俗学贡献于新的知识生产和社会实践的关键。

立场性的割裂

　　为了克服民俗学性知识生产的割裂状况，首先必须要顾虑的重要行动者，是负责文化政策的"公共部门的研究者"们。在日本以民俗学为专业的大量研究者，在博物馆和地方公共团体、教育机构等公共部门进行其活动。这些研究者，可以定位为狭义的"公共民俗学（Public folklore）"（具体请参考第二部第4章）的研究者，他们在社会上，以及在学界中都已经成为重要的存在。但是，如果说他们的活动在学界，以及支撑学界的"学会"这一学术社会的体系中，是否被视为完全的研究对象，并被认为是民俗学研究者的重要实践活动，则总有什么地方令人颇觉可疑。

　　当然，在日本也有与文化财和无形文化遗产等有关的文化政策，以及以地方振兴为代表的作为文化资源的民俗应用这样一些问题，作为目前的重要课题在现代民俗学中显现，受到批评检讨。同时，值得特别指出的是，在民具和民俗艺术等领域，公共部门的研究者们组成团体，创造了对包括公共部门的民俗学技术论等在内进行议论的平台。但是，令人遗憾的是公共部门的活动，还没有得到多样的民俗学研究者自己从主体的、意图的、自觉的、积极的表现、应用、实践这样一些公共民俗学的观点进行真正的检讨。此外，学院派民俗学与公共部门的民俗学之间的研究和活动虽然有交流,但意识到相关者的属性和立场性,有意识地克服这些问题的交流和讨论空间,还没有被充分建构起来。

几乎所有学院派的民俗学研究者,都有着与社会脱离的纯理性志向,专注于对从文化截取出来,被矮小化了的民俗进行解释,自我封闭于狭小的议论空间。另一方面,属于公共部门的研究者对基于自身立场的活动,虽然在与自己有类似属性的人和群体中进行议论和检讨,但这个议论空间和学院派的议论空间一样,归根结底是封闭的。当然,公共部门的民俗学研究者是"学会"这一学术社会体系的重要参与者。但是,在这里,适合学院派狭小的研究对象和学术兴趣、手法的问题能够得到呈现,而公共部门的民俗学研究者,则在呈现自己的职业和属性、立场所规定的日常性研究和活动、业务中出现的独特研究对象和手法、学术兴趣一事上,感到颇费踌躇。

首先,我们必须认识到,现代民俗学有多种属性和立场性的研究者参与其中,且这种属性和立场的多样性正在产生,或是有可能产生多样的研究对象和学术兴趣、手法。后文将要论述的美国民俗学,对把学院派民俗学和公共部门的民俗学分离开来的做法,批评为"错误的二元论(mistake dichotomies)"(Kirshenblatt-Gimblett, 1998),日本民俗学也必须有进行跨越多样的立场性合作,展开议论和活动,以及不时让异议交锋的平台。

尽管如此,这种克服立场性的合作,似乎说起来容易而做起来难。在这里,毫无崩解迹象的立场性的坚固墙壁仍然横亘其间。过去,我曾经在日本民俗学会的年会上,扮演讨论这种问题的研讨会的策划者。[1]在这里，我"将要讨论的研究者的分布、构图，以在美国民俗学界普遍化的图式作为参考，加上它们在历史上产生的顺序，归根结底只是便利地"（引用自研讨会的策划书）作出了业余民俗学者、学院派民俗学者、公共民俗学者和应用民俗学者的分类。在美国，业余民俗学者这一分类通常是不会出现的，但因为考虑到日本的民俗学史和现状，在美国使用的独立民俗学者这一表现难以适用，（在会受到反对的觉悟基础上）使用了这一表达。

　　我之所以提出这样的构图，是为了："一、让没有被意识到，或是被掩盖的多样的民俗学参与者的状况被意识到。二、让不同相关者的手法、任务、立场等的异同鲜明起来。"制作构图本身决不是目的，通过这一便利的构图，使现在的民俗学隐藏的问题显在化才是目的。对于这个分类，当时会场有赞成和反对两种意见，但如果说哪一方比较多的话，感觉上还是持否定意见的听众更多。这说明了围绕着"学院派"这一词语的朴素误解，以及"业余"一词在学术世界通常被用作侮蔑语带来的忌讳感等现象所带来的异样感。

　　那次研讨会结束后，我在会场外见到了暌违甚久，任职博物馆学艺员的友人。他似乎旁听了这场年会研讨会。友人一见到我就说："这是博物馆的现实！"毫无预兆地从包里拿出什么递给我。那是"面向儿童的宣传小册子"。这位友人告诉了我，他人多的时

---

　　[1]日本民俗学会第57次年会研讨会"野之学问与学院主义——审视民俗学的实践问题"（2005年东京大学）。

候每月必须面对数百名、数千名儿童，没有时间调查和写论文的现实。恐怕他想说的是，我们准备的研讨会内容以及对这些内容的剖析，实际上并不了解公共部门研究者的世界的现实。

确实，我不了解博物馆的现实。但是，我想这和大多公共部门的民俗学研究者，不了解在和其他学科的竞争关系中奋战的学院派民俗学者们的现实，是相同程度的漠不关心。我虽然能够理解这位友人作为"现实"呈现给我的艰辛，但是无法产生同感。究其原因，是因为这些艰辛工作的价值本身，恰恰是我们当时议论的公共民俗学的本质。面向儿童的工作，不正是博物馆学艺员的重要工作吗？公共部门的活动任务，并非成为期刊共同体的一部分去撰写论文，不是吗？对将博物馆视作公共民俗学的一大据点，思考民俗学与社会相结合的可能性的我来说，是无法与友人产生共识的。

当然，博物馆在"指定管理者制度"规定下的运营和人手、预算不足等，这些必须把理念和理想放在一边去讨论的严肃现实问题堆积如山，这也是事实。但是，"面向儿童的宣传小册子"不能被当作与以上诸点相同的问题。这是博物馆在公共层面上的重要任务，也是不限于公共部门的，民俗学全体应该包括技术论和目的论等在内深入探究的主要课题。但是，这样的问题提出，被现实的立场性壁垒所阻碍了。

此外，还有这样一件事。有一次，我把就公共民俗学可能性撰写的论文，发给一位供职于公共部门的熟人。当然，我这样做是因为公共民俗学这一课题与那位友人的工作关系紧密，希望他参与公共民俗学讨论。然而，在对发送这篇论文的感谢信，和对我的邀请函的回复中，他表达了虽然承认公共民俗学的重要性，其身处的状况却是很难参与到讨论中来。他表示，站在他的立场，就自己参与其中的文化问题在学会作问题提起，必然会涉及文化行政组织的"围栏"。因为，即使自己感觉到矛盾，但有一种令人惮于发表个人意见的气氛。身处公共部门，则在作为个人的民俗学研究者的想法以外还有组织的意向，必须肩负着这样的立场，谨慎对待自己的主张。在这样的状况下，就很难站在既得立场上进行讨论，并且会感觉到无论如何不想参与这样的讨论。

公共部门研究者这种坦率的倾诉，说明今后的民俗学要进行新的挑战，将会碰到必须逾越的壁垒。前面已经说过，现在不再限于公共部门，而是研究者和专家、市民、NPO、企业等多样的组织和个人都作为主体，自主地参与到它的统治当中，协作跨越"治理"的立场性的新的统治，在社会中（如果是理念化的话）成为大趋势。但是，在实际担当文化政策的公共部门中，这样的思潮还不能说已经充分渗透。友人倾诉的苦恼，对必须完成自己在公共部门被赋予的职责的人来说，是对局内人而言难以改变的独特的构造性问题所催生的。

当然，这种构造革命无法推进，不能只将其责任归于公共部门的相关人士。要改变这一点，只有推进提倡以治理为基础的多样的参与者进行知识生产和社会实践的想法和价值作为社会性基本理念的运动。而迄今为止学院派民俗学研究者的无知和怠惰，也是探究和提出这种理念和基于这种理念的具体体系原因之一。

在这方面，学院派民俗学研究者今后要负起很大责任。

但是，即使打算担负起这一责任，学院派民俗学研究者又反过来要面对巨大的障碍。这一障碍，就是学院派民俗学研究者对民俗学参与到公共部门所执行的文化政策时的政治性极度敏感，对公共部门的活动以及与其合作极端避忌（极其厌恶）的想法。

公共部门的文化政策与民俗学

围绕着民俗文化的文化政策，大多是从保护的观点制定的。因为，民俗文化作为"文化财"是有价值的，是必须一直保存下去的。但是，所谓民俗文化，传统的所有者们才是它的主体。因此，推行文化政策的公共部门和传统的所有者们，便必然会共有这些平台。此外，文化政策施行的空间，不仅仅是文化保护的平台，还是让传统的所有者唤起自我文化意识，同时也成为唤起对文化所在的本地区的意识的平台。如此，便会在保存自文化基础上，向了解自文化与地区，或者是重新发现其价值的行为发展。而这些现象，也可以理解为作为本书主题的知识生产和社会实践的模式之一。但是，作为"文化财"的（由公共部门或专家们创造的）外部价值对它们形成了很大的规范性。

日本文化保护政策的开端，可以追溯到19世纪末（高木，1997），但它一旦成为与民俗文化相关联的政策，如前文所述，20世纪50年代的《文化财保护法》是一次划时代的事件。第二次世界大战后，以奈良县的法隆寺金堂遭遇火灾等很多国宝被烧毁事件为契机，文化保护风气高涨，《文化财保护法》被制定，设置了其管理机构文化财保护委员会。"文化财"一语在法律上确立，正是从这一法律开始的。该委员会的秘书处在1968年与文部省文化局合并成文化厅，委员会本身则变成文化财保护审议会，成为文部大臣的咨询机构（2001年再次改组为文化审议会文化财分科会）。其后，直到今日为止，文化厅这一政府部门和审议会，承担起包括无形文化遗产在内的文化财保护行政的核心工作。

在这部《文化财保护法》中，文化财被分为"有形文化财""无形文化财"和"史迹名胜天然纪念物"，在"有形文化财中"包含了"民俗资料"。简言之，在这一时间点上，有"民俗"之名的对象物品，第一次被纳入文化保护政策中。但其实际情况是，在《文化财保护法》制定之时，只有民俗的物质性部分成为保护对象。另一方面，"无形文化财"在《文化财保护法》中，被定义为"戏剧、音乐、工艺技术及其他无形的文化产物，对我国而言有较很高的历史上或艺术上的价值"，由于属于重视艺术性和审美性的优品主义范畴，民俗作为根植于平凡生活的民众文化，便被排除在外。而在联合国教科文组织的第一到第三回"人类口头和非物质遗产代表作宣言"中，日本被列入名录的能乐和人形净琉璃文乐、歌舞伎，是从这部《文化财保护法》所规定的"无形文化财"中被视为"重要"的"重要无形文化财"指定的项目中选出来的。

必须要提起注意的一点是，在这一时期日本的文化保护政策中，只有作为有形文化的民俗被纳入保护对象，民俗从无形文化中被排除出来，由职业性的专业人士从事的，只有具有优秀艺性的戏剧和音乐、技术成为其对象。就是这样，出现了与民俗被置于低下的位置相对，提高民俗资料的法律地位的动向。1954年，《文化财保护法》被修改，在这部改正法中，"民俗资料"从"有形文化财"独立，被赋予了与这些文化财同等的地位。虽然它到底还只是"资料"，并没有被视为"财"，但是作为无形文化的民俗也被赋予"应该采取措施记录的民俗资料"的法律地位，有形和无形两种民俗都被置于国家文化保护政策俎上。

1975年，《文化财保护法》再次被修改，在这次修改中，作为无形文化的民俗得到更加明确的划定。"民俗资料"改称"民俗文化财"，并且作为国家指定"民俗文化财"，设置了"重要有形民俗文化财"和"重要无形民俗文化财"。

上述文化财保护政策，对日本的"民俗"产生了不少影响。正如对民俗文化财保护制度作过详细检讨的菊地晓指出的那样，毫无疑问，各种文化财保护制度的成立，"在'民俗'之名下谋求其保护与利用这一点，是对民俗的存在方式给予过影响的近代诸制度中特别值得一记的"（菊地，2001：22—23）。此外，如才津祐美子指出的那样，民俗文化财保护制度产生了一种作用，即将一个地区的文化变化成为日本全体的"国民文化"（才津，1996、1997），民俗学一直以来研究的对象，与战后日本的政策性、政治性行动是不可分的（虽然很多日本民俗学研究者对这样的问题并无自觉）。

那么，民俗在日本被政策性统合为"文化财"的过程中，民俗学研究者是如何参与其中的呢？

根据菊地的研究，1952年，民俗资料小组在文化财保护委员会成立，配置了宫本馨太郎（其后发展了民具学）作为嘱托职员，祝宫静作为特任职员。二人都与为民俗学的发展作出贡献的涩泽敬三有关系，是涩泽的力量使"民俗学研究者"参与到行政部门之中。他们是令民俗文化财保护制度在行政的立场上得以确立的关键人物。此外，1953年在文化财专门委员会成立的"民俗资料部会"里，日本民俗学的创始者柳田国男和涩泽敬三、折口信夫这些大名鼎鼎的人都作为专门委员列在其中。

在1954年，构想《文化财保护法》修改之时从"有形文化财"独立出来的"民俗资料"的性质规定以及其具体保护政策的，据说是宫本馨太郎。其后，文化财保护委员会为了把握民俗资料在全国的分布，和向全国各地的文化财相关人员彻底传达关于民俗资料的知识，在1962—1964年间进行了民俗资料紧急调查，发动了全国的文化财相关人员。但是，对区别"无形文化财"和无形的"民俗资料"感到困难的地方文化财工作人员，提出希望修改《文化财保护法》，统一管理日本的神社的宗教法人神社本厅也参与其中，发起了法律修改运动，进而得到民俗学研究所的赞成，在1975年实现了法律的修改。（菊地，2001：22—57）这样一种国家层面的文化保护政策，其影响波及到了县市町村层面的末端，地方自治体引用国家制度，制定了与各等级相应的制度，各个不同层级的民俗学研究者都参与其中。

如以上所述，有名或无名的民俗学研究者参与到日本的民俗文化保护政策中，对民俗本身产生了很大影响。前文论述过作为

"野之学问"的民俗学，以1950年为基点在学院派化方面取得了进展，实际上在几乎同时期，在公共（部门）化方面也取得了并行的进展。这一非常具有特色的民俗学的学术形成过程，是在对知识生产和社会实践进行思考时应该特别指出的。

民俗学研究者对文化政策的反应

以《文化财保护法》为代表的文化政策，如果说民俗学研究者是否仅仅漠不关心地参与其中的话，则又未必如此。例如宫本常一，在《文化财保护法》再次修改的1975年5月24日发行的《朝日新闻》晚报上，发表了《对民俗神事保护的疑义》一文，关于该法律提出了以下担心。

> 我作为民众之一人，很长时间以来一直致力于对民众文化问题的解明。并且，一直为无论如何被击垮都会再次站起来的民众力量而打动心灵。在唤起这种能量，使人们充满活力的力量当中，其中之一就是民族性的宗教。至少，这不是神社神道那样的东西，而是更加有泥土气息的……这些神事是民众为了获得神的庇佑而行的，现在其中很多仍然有活生生的信仰。我认为，这样的事物不应该仅仅作为民众的鉴赏对象。但是，我想这样的事物由于使用了"民俗文化财"这样一个词语，不论成为认定对象是否好事，反过来被认定可能会扭曲它原本的形式和其中包含着的精神的东西。（1975年5月24日朝日新闻晚报）

宫本担心，祭礼和神事等根植于"活生生的信仰"的文化，会由于被指定为《文化财保护法》修订而成立的民俗文化财，扭曲了其"原本的形式"和其中包含的"精神的东西"。"原本的形式"这样一种本质主义的表达，从认为民俗的变化不可避免的现代民俗学常识来看，是很难坦然肯定的意见。但是，在这一时期就对《文化财保护法》表现了一定的疑问并加以批评这一点，是值得注意的。

宫本还回忆了战时所见的奈良县春日若宫的"御祭"的能乐，提出了神事是由作为其实行者的人们内在的宗教心，和由此产生的自主的传承愿望所继承的主张。

我们从表演能的人们的身姿中看到顶着风雪前行的人们的身影。他们不是为了让别人观看而演，而是必须演所以才会去表演。因为，我想忍耐风雪希求永恒的心，不就是宗教吗？每一个人是如何保有它的这一点，会成为支撑生活，支撑文化的力量。因为，无法忍耐风雪的事物就会湮灭。要耐住风雪，就需要民众的支持。正是有民众的支持，文化和宗教才会一直活到今天，反之便会湮灭。今天的神事是不是失去了作为宗教的意义，已经形骸化，不得不借强有力的国家力量了呢？如果它作为宗教失去自立的力量，仅有作为宗教礼仪性仪式残存而被认为具有文化的意义被保护，那么尚有其意义，若这是国家对作为宗教仍有活力的事物以帮助，则它不仅在宪法（注：政教分离的原则）上会引起疑义，从民众

方面看来，它又到底是否会成为心灵的支撑呢？……我希望
宗教能够为民众所有。（1975年5月24日朝日新闻晚报）

宫本担心由于国家这样一种外部的存在的介入，"活生生的"
民俗会发生变化。关于"已死的"或者是"将死的"民俗，他对国
家介入的保护政策基本上是肯定的，然而关于由人们的内发性动
机行为化，或者是传承的"活生生的"民俗，他认为国家的介入
是不能容忍的。宫本所提出的问题，是以保护为目的的文化政策，
实际上成为使文化发生变化的原因，与现在围绕着文化遗产保护
发生的悖论问题是共通的，值得思考。

但是，宫本常一并非否定对民众生活的政治性、政策性介入
本身。他自己就一边标榜地域民众主义，一边担任实行离岛振兴
的全国离岛协议会的第一任秘书长，同时任文化财保护委员会调
查委员（1957—1958），并就任广岛县和山口县等地方行政的文化
财专门委员。即使是在《文化财保护法》修正的时候，发出了上述
批评性言论的宫本，在那以前与文化政策也有不少关联。

迄今为止，有很多民俗学研究者参与文化政策事务。不仅限
于前文所述的国家层面的文化政策，在各种局面的政策和行政事
业上，民俗学研究者都一直被动员参与其中。例如，20世纪70至
20世纪80年代，以日本都道府县和市町村这些地方自治体为单位，
自治体史的编纂甚为活跃，而大多自治体史有"民俗篇"，大量民
俗学研究者参与了其调查和编纂。文化政策、事业作为一大运动
将民俗学研究者卷入其中，达到了作为民俗学研究者生活在这个

时代的人中，很难找到谁没有参与自治体史编纂的程度。

现在，这样的自治体史编纂事业已经不再火热，但是文化审议会等国家层面的委员会、地方自治体的文化财审议委员会等，仍然有很多民俗学研究者参与其中。但是，并没有看到他们对自己的行为和文化保护制度的政治性有意识化的痕迹。这些研究者的学术组织日本民俗学会，民俗学研究者对这种文化保护政策的参与形式不仅没有得到充分的讨论，甚至被视作禁忌。

例如，对日本民俗学史进行过总览的福田亚细男指出，1954年的《文化财保护法》修改以后，各地的民俗学者被文化行政动员加入的人为数众多，在20世纪60年代这种情况正式化。他批评道，关于这种参与的形式，在学会和民俗学者之间并没有充分讨论。

> 日本民俗学会没有对《文化财保护法》表示出关心，又或者是就民俗资料这一把握方式进行议论的痕迹。在《日本民俗学》（注：日本民俗学会机关志）也没有发表过一篇相关论文。对于作为文化财的民俗资料被定位，称为文化财保护的对象一事，在民俗学的学会和研究者之间完全没有得到议论。文化财基本上在被认定为"财"的状态固定下来，然而在人们的生活中所见的民俗被固定下来是可能的吗？又或者是有意义的吗？关于这些应该是有一些议论的，然而在日本民俗学会，并没有见到关于这一点进行检讨的模样。（福田，2009：271—272）

日本的民俗学研究者，如前文所述那样参与中央、地方公共部门推行的文化保护政策并不少见，但实际上却并未经过充分的检讨和批评。但是，必须注意的一点是，福田的上述论述，不仅对民俗学一直以来没有充分"议论"文化政策进行批评，而且还对民俗学一直以来没有"批评"文化政策提出了批评。此外，福田"在人们的生活中所见的民俗被固定下来是可能的吗？又或者是有意义的吗？"这样的设问，不仅是提问，还必须反过来将其理解为包含了"在人们的生活中所见的民俗被固定下来是不可能的，又或者是无意义的"。简而言之，学院派研究者对迄今为止的文化政策的批评性眼光，由此可见一斑。

对日本民俗学的政治性的批评——民俗主义

在第二次世界大战这样一个促使政治性觉醒的时期，日本的民俗学作为学问尚未成熟，在此之前对国策的参与没有自觉化，因此作为一个学科对政治性问题没有形成敏感。同时代比较一下的话，与明确影响过国策的日本的国史学（日本历史学），马克思主义历史观在战后席卷学术世界形成对照。因为这个原因，本质主义的民俗观在日本民俗学被长久地继承下来，现在仍然未能完全抹去。在这样一种状况下，对文化政策无自觉、无批评地参与的民俗学研究者，和反过来作为个人受到马克思主义历史观和下文将要解说的民俗主义这些视角的影响，对文化政策极端冷淡的研究者之间出现了分离。

20世纪后半叶，从对本质主义的批评出发，社会学、文化人类学、心理学、历史学、文学等多种人文、社会科学都出现了向建构主义范式的转换。所谓建构主义，是认为在社会上被视作现实的事物，并非自然的或是客观的实在物，而是社会性的、认知性的、有意识地创造出来的建构物这样一种观点。在建构主义的观点出现之前不久，民俗学也出现了对本质主义的建构主义批评。其代表是在德国民俗学发展起来的民俗主义（德语folklorismus、英语folklorism）观点。

德国民俗学（Volkskunde）在第二次世界大战前和战争期间被纳入纳粹德国国策，成为第三帝国国家社会主义的帮凶，众多民俗学者为纳粹政策服务。第二次世界大战后，这种情况得到反省，学科从根本上发生了变化（Kamenetsky, 1972、1973、1977；Wilson, 1973）。Volkskunde原本如其词语中含有Volk（民族、国民）那样，是以萃取国民，或者说是日耳曼民族所共有的精神这一民族主义为标榜的学问。活跃于19世纪的威廉·亨利·黎尔，将通过对传统文化的研究萃取出德国人统一的民族精神，加以政策性的应用当作Volkskunde的任务之一。德国民俗学在纳粹德国时代，在国家社会主义之下，成为贡献于国民统合和以雅利安人为中心的种族主义这样一些国家政策的御用学问。例如，在20世纪30至20世纪40年代任教于海德堡大学的民俗学者尤金·费雷等即是御用学者的代表，加入纳粹党，进行贡献于国策的研究（河野，2005）。

德国民俗学从对这样一种与纳粹合作的反省出发，对民俗学的政治性进行自我批评，致力于民俗学新形象的再建构。在这一过程中，由汉斯·莫塞尔和赫尔曼·鲍辛格尔等人，提出并推进了关注民俗的观光化等经济性利用，或政治性利用等的民俗主义视角。这是"第二手的民俗文化继承与演出"，某种民俗的文化事象，"在其原本扎根的场所以外，具有新的功能，为新的目的被实行"（河野，2003：4），在向来被发现过去的价值和意义的民俗上，呈现出新理解的状态。在民俗主义的研究中，众多被商品化的民俗、被政治性利用的民俗、由于大众传媒而发生变化的民俗称为研究对象。

这种被称为民俗主义的，对民俗进行把握的方式，由专业研究欧洲民俗学的河野真介绍到日本，20世纪90年代开始，对日本民俗学也产生了影响。民俗在过去和现在，都在政治的、经济的、社会的等多样的状态下受到影响，要理解民俗，不对包围着它的外部状况进行理解，是无法做到的。这是难以改变的事实，但这种观点在日本被接受，是进入本世纪以后的事。

在这种状况中，作为以民俗主义的角度为武器尝试文化政策批评的民俗学研究者，岩本通弥可为一例。对虽然由河野介绍进来，却一直以来未在学界主流得到讨论的民俗主义的概念，岩本进行了使其在日本民俗学常识化的工作。岩本揭露了在日本实施的文化行政外来压力催生民俗的观光开发，进而又与脱离地方的国家行政性政治利用相结合的现象。（岩本，2003）同时，就文化政策对民俗的政治性利用以及其存在问题，从民俗主义的观点进行了尖锐的批评。（岩本，2002、2003；岩本编，2007）

从岩本所描绘的这种状况而言，此前一部分民俗学研究者所进行的安易且无自觉的政策参与是被否定的。隐藏在文化保护之名背后的观光主义和民族主义，使民俗从地方居民的手上，向外部的参与者手上变化。对被纳入这样一种机制无法意识到的民俗学研究者，难以避免天真和滥好人的讽刺。

现状是，面对文化政策，安易地参与的立场和与之相反始终进行政治性批评的立场，这两种立场在民俗学研究者中共存（不关心者不在此讨论范围内）。这两者位于相对立的立场上，同时却并未让相左的意见进行交锋。积极参与文化政策的立场对民俗主义的批评视而不见，站在批评立场上的，则还没有力量使其他民俗学者对安易地参与文化政策一事感到踌躇。

超越"学院派vs公共部门"的壁垒

现在，学院派民俗学研究者应该以什么样的姿势面对公共部门所展开的文化政策呢？现状是，即使我们对安易地参与文化政策进行批评是理所当然的，另一方面，也必须自觉认识到从民俗主义出发的批评的社会性无力。因为，对停留在简单地批评文化政策阶段的民俗主义批评的局限性，我们已经到达了去超越它的阶段。

作为民俗学研究者从民俗主义出发的文化政策批评没有多少效果的理由，可以指出以下三个问题点。不克服它们，则克服日本的民俗主义批评对现实社会的物理是几乎不可能的。

虽然无法对所有民俗主义论者进行单一的描述，但是如果略显粗暴地概括的话，日本的民俗主义批评的第一个问题点，就是封闭在民俗学这样一个狭小的社会里发言，与现实社会的动态严重隔绝。从民俗主义出发的批评，虽然通过日本民俗学界的杂志和书籍、口头报告进行，但是这些几乎仅限于面向学界发言，并未到达实际的文化政策现场和普通地方居民。这种民俗主义批评由于对社会是无力的，对这种批评并未深入思考的民俗学研究者和政府相关人员感觉不到任何痛痒，对其无视也就成为可能。

以言论进行批评这种行为，确实是民俗学研究者重要的社会实践之一，但如果这种批评被封闭在学界内部的话，其结局就是批评无法作为具有实效性、变革性的事物反映在现实社会中。对政策从外部进行批评，而参与到政策当中，这种行为乍一看来甚是高洁，但其结果无非是催生了这种外部批评无法达到行政所实施的政策之所在的状况罢了。

当然，现状是被行政选择为文化政策合作者的研究者和专家，不必是对文化保护有充分的真知灼见，在这方面取得成果的民俗学研究者。倒不如说，政治性感觉迟钝的研究者对行政而言更加好用。在这一点上，民俗主义批评者不参与政策工作的问题，也可以说是公共部门在政策工作中不采用合适人才的构造性问题。

作为民俗主义批评的第二个问题点应该指出的是，民俗学研究者本身已经是引起民俗主义的相关者，作为相关者对地方文化产生影响不可避免的情况有被忽视的趋势。迄今为止的众多民俗学研究者对地方文化以第三者式观察者的姿态，进行着民俗的采集和解说、解释。但是，如果从建构主义的观点而言，民俗学研究者已经作为不亚于行政以及企业等盈利团体、大众传媒等的民俗构筑相关者，使民俗发生变质。

如果是进行调查研究的研究者，理应对研究者带来的民俗建构性很难没有自觉。而且，这种由研究者带来的建构是无法避免的，毋宁说必须自觉地理解这种建构过程，选择作为民俗学研究者的行为。但是，关于这一点，由民俗主义出发的批评者并没有积极地对自己的主张和行为对调查研究区域的影响进行研究，大多是以第三者立场作为前提。

进而，作为民俗主义批评的第三个问题点可以指出的是，有一种以民俗主义将正在发生的多样的相关者的行动单纯化，只关注公共部门等局外者的行为，一面倒地向其投去先验性批评眼光的倾向。因为，他们对政治性过度意识，持有从最初开始就否定直接参与政策工作的先入观念。

民俗主义所揭示的，对文化保护这种客体化背后隐藏的观光主义和民族主义进行解读无疑是重要的。具有贡献于这一过程的可能性的民俗学，对自己的政治性必须是敏感的。但是，没有注意到自身的文化正在被政治等隐藏的意图所客体化的人，以及已经注意到但主动地参与到客体化当中的当地人，以及位于被认为进行客体化的公共部门基层的人们（例如与地方居民无法明确分离的市町村等自治体相关人员）等，多样而错综复杂的人们的想法和希望，以及企图、借口等的整体面貌，民俗主义批评有时并未充分加以检讨。

那是因为，进行客体化的公共部门与当地人的合作性（有时候是共犯的）现象的构造性问题，并未得到充分揭示。被强大权力客体化的弱者（传统的所有者）形象，有时候也没有错，但如此一来则有可能只表现出现象的一部分。因为，应该认为，在无意识中被国家的意图卷入其中的消极的所有者形象，自然地将国家的意图在自身的行为语境中再定置的所有者形象，此外还有战略性地参与到自我客体化中以谋求利益的积极的所有者形象等，在数重参与者的图层重叠之下，无法简单地对客体化的是非作出论断的悖论就由此形成。多样的相关者的数种声音，有时候可能会形成上下关系或对抗关系的构图，而另一方面，也能够形成超越这种关系，持有不同意见的人们，反复进行大量对话所形成的"多声性（polyphony）"构图。

为了超越日本的民俗主义这样一种仅仅停留在批评的局限性，我们必须进入以民俗学的见解为基础，对现实社会的直接性实践更加深入思考的阶段。学院派民俗学研究者不是如前文所述那样，仅仅从作为第三者式观察者的立场与地方发生关联，而是必须意识到自己是介入地方的存在，并对这种介入进行有意识的实践。例如，此前对于文化政策，主要是从远离它的地方进行批评，或是反过来对其进行无自觉的拥护等第三者式的关系，然而进一步深入其中，对文化的中介行为意识化，在地方进行实践的关系是必要的。而在这种情况下，则必须摸索学院派与公共部门之间健全的合作。

当然，现在的公共部门的活动，仍然存在与地方的人们的价值相乖离，搅乱这些人的生活的可能性。但是，如果要对地方的人们的生活与文化进行思考，公共部门有可能起到很大作用，而且还存在其参与无可避免的情况。此外，还有这种参与为地方的人们所期待的情况。当把目光投向这样的现实，便不应抱以从最初开始对公共部门的行为报以白眼的偏颇思考，而是至少应该采取尝试将其恰当地定位为地方治理的一个相关者，在这当中摸索更佳协作模式的中立姿态。并且，当出现问题时应该毫无忌惮地相互议论与交涉（最糟糕的情况是进行抵抗），不应该陷入对公共部门所参与的实践全面肯定或全面否定的单纯二元论。

毋庸赘言，并不是说民俗学研究者于当地文化单纯地接触，安易地适用即可。如果民俗学研究没有成为实践前提的成熟思考，则他们在地方的知识生产实践，便与无自觉地参与文化政策的民俗学研究者的实践一样，恐怕无法产生为地方文化和当地人所期待的结果。因此，在地方进行社会实践之时，必须首先确定以根植于地方的行动为目的的思想。当然，这种实践并非为我等学者进行，也不是为公共部门施行，而是为生活在地方的，长期传承其文化的人们所实行的。简而言之，这一活动必须是在重视地方社会的地方主义，和重视生活的"生活主义"这些实践思想的基础上进行的。在文化政策之前，生活主义这一实践思想已经在环境政策方面进行了检讨

在确定生活主义这一实践思想方面，具有很大参考价值的是"生活环境主义"。生活环境主义是在日本的环境社会学发展起来的重要理论，是在20世纪70年代由社会学者兼民俗学者鸟越皓之和嘉田由纪子等人提倡的观点。同时，这是试图将环境问题从地球公民的生活现场出发分析，探索解决方法的立场。（鸟越，

1997；鸟越编，1994）这是明确抽出地方内在理论，尊重这些理论的立场的"温和的意识形态"（鸟越，1997:10）。在生活环境主义的基础上进行的研究，不是为研究者而存在，而是为解决居住者的生活问题而进行的研究。这种基于内在理论的生活环境主义的主要着眼点，正是在作为运动的实践性上。

将这个生活环境主义敷衍成"生活文化主义"的形式，是可行的。以这种观点为立脚点，对地方的文化更为熟知，因而在保护和利用文化的时候，就必须将地方居民的知识和看法、价值观、利害作为最重要因素给予尊重。因为要求重视作为文化保护和利用主体的地方居民，这样一种观点，对平衡地方文化和地区内外的人类活动是不可缺少的。上述生活文化主义和生活环境主义相结合，作为一个完整的整体，以对应社会全体的问题为目的实践思想化的观点，就是这里所说的生活主义。

这种实践思想，必须在使不同立场的多样的相关者共有与协作的同时，实现文化的治理和地方的知识生产与社会实践治理。实际上，在对应自然保护和环境问题的政策现场，已经标榜了水平、分散且联动治理的知识生产和政策实现（至少在理念上是如此）。例如，在以恢复过去破坏的生态系统等其他自然环境为目的的《自然再生推进法》上，其"第三条2项"中明记道"自然再生，必须在相关行政机关、相关公共团体、地区居民、特定非营利活动法人、具有关于自然环境专业知识者等地方的多样的主体联动的同时，确保透明性，自主且积极地投入实施"，在理念上（虽然必须进行实际的验证）提倡行政和专家、企业、市民等多样的关系人对信息和意见进行交换，将其结果在行政的施策决定和关系人的应对上发挥作用，酿造关系人相互间的信任关系的知识生产以及与之相伴的实践活动。作为具体的自然再生推进事业，以上条例在全国展开。

　　将上述克服相关者之间割裂的治理的观点更加积极地向地区文化敷衍，是今后的民俗学所需要的。而在这种情况下，具有很大参考意义的是下文将要介绍的，在美国萌芽并实现发展的公共民俗学。它原本以公共部门所实施的政策密切相关，其参与者也是以属于公共部门的行动者为中心，但在学术公共性被大力提倡之下，它试图克服学院派/公共部门之间的对立，致力于保障参与相关者的多样性和平等性。

　　接下来，让我们看看在当今这个学术公共性得到重视的时代，这种协作性的新的知识竞技场逐渐形成的情况。

3.逐渐向"公共"敞开的学术

对科学技术的不信任、对学术的不信任

　　"市民"和学者之间存在巨大的隔阂。而社会和学术之间，也有难以填平的鸿沟。2011年东日本的大震灾告诉了我们这一点。由于震灾，核电站遭到破坏，大量放射性物质泄漏，众多的人们陷入恐怖深渊。这些"众多的人们"，此前虽然隐隐感到怀疑，但也还是接受了核能的安全性，给予信任。因为被科学所神话化，所宣传的安全"神话"，被大多市民毫无疑问地接受和容忍了。但

是，现在很多市民发现，这些"神话"确实是虚构的神话，为这些神话的构筑出力的科学，对作为其参与者的学者和专家的不信任感逐渐积聚。这次大型灾祸，使社会和科学，或者说是非专业人士和学者、专家之间关系的不正常浮现出来，成为市民再次审视这种关系的重要契机。

但是，这样一种关系的扭曲和裂痕，实际上在震灾来袭之前就已经显露。在将科学和专业知识作为社会和政治、文化问题重新把握，以及对这些科学和专业知识作用于社会和政治、文化的情况进行考察的科学技术社会论领域，在就从再生医疗到转基因、环境破坏、能源等多领域的课题进行研究当中，已经将科学技术的不确定性和政治性，以及科学与社会之间的隔绝作为问题进行审视。

平川秀幸指出，近40年间科学技术的形象，从"梦想与希望的科学技术"向"作为问题的科学技术"发生了很大的变化。（平川，2010）他认为，在40年以前，身处科学的中心地位的研究者、技术人员、决定政策的政府以及产业界等担任着科学技术"掌舵者"，并对科学技术管理的危险性作了以下批评。

> 但是现在不同了。科学技术的进步并不一定直接带来社会的发展与个人的幸福，反而催生了很多复杂而深刻的问题。为了解决这些问题，包括利用科学技术的情况，像此前那样只交给科学家和技术人员、企业和政府来掌舵，便稍嫌（不，是相当）危险了。（平川，2010:11）

在科学和技术具有妥当性和可信性的时代，普通人能够感觉安心。但是，如今人们注意到科学具有连研究者和专家自己都无法预测的不确定性，作为非专业人士的普通人理应无法继续感到安心。尽管沐浴着科学技术的恩惠，而对科学技术进行批评之时却充满欺瞒。说到底，包括对它所催生的困难应付的责任在内，在某种意义上普通人也必须担任"掌舵者"，不能再完全交给别人了。

确实，至今为止就是这样将技术和知识生产交给专家。不对，恐怕应该表现为被专家所独占。专家通过夸饰难解的专业知识，居高临下俯视作为非专业人士的市民。而市民则在专业性事物方面，自下而上地仰视，完全依赖专家的判断。但是，这样一种专家和市民相分离的构图，在对科学技术和社会之间的相互关系进行现代性重新审视中开始动摇。已经进入了市民观测和影响科学与技术的"学术的民主控制"时代。在这个时代，多样的相关者共有知识的竞技场，并互相协作。

向社会敞开的学术状况——学术的公共性与治理

在就协作性的知识新竞技场进行思考时有一个重要的视点，即"学术的公共性"。它是"学术是属于谁的？"这样一个设问，或是"学术并非仅仅为研究者和专家而存在，而是为公共——public而存在"这样一种主张。

20世纪90年代以后，社会，以及种种学术领域中对"公共性"的关心高涨现象甚是显著。现在，公共性的定义及其具体内容有多种意见，对其进行一元性集约是很困难的。但是，它无疑与以"市民"为主体的市民社会论所引起的状况是分不开的。在过去，公共性一直被视作以"公——官"的形式存在的，但现在取而代之的是市民公共性的重要性得到确认。但是，这里所讨论的并非这样一种"公共性的学术"，或者说是"公共性的研究"，而是"学术的公共性"或"研究的公共性"。

在思考上述"学术的公共性"和"研究的公共性"问题时，恐怕必须将"知识的治理"这一学术状况包含在内。如前文所述，对治理的摸索在社会的各种状况下都在进行，多种行为主体混在的现象作为被肯定的目标受到宣扬，而这样的现象，在知识生产和社会实践的场合也并不例外。例如，在科学技术社会论中，对科学与社会的关系进行探索时，将这种治理定位为专业知识管理的理想形态之一。平川介绍了近年来"科学技术治理"这一观点登场，行政机关和专业、企业、市民等相关各方交换信息与意见，将其结果用在行政的政策施行决定和相关人员的应对中，培养相关人员相互间的信任关系的各种行动。例如参与型事前测评、市民参与的协商会议、提纲工作室、科学café等工作。（平川，2010：54—70）

在此之前，一直根据基于科学性依据和妥当性的"科学的合理性"进行判断。而科学的合理性标准则由专家产生，能够生产这种合理性的知识被认为只能由专家创造。在这种情况下，普通市民被当作缺乏相关知识的人对待。这种观点称为"缺乏模式"。这种模式将一般市民视作"科学知识缺乏状态"，简言之就是将"外行的市民"当作一个空容器对待，认为向其中"注入正确的科学知识"是科学技术交流共同体的任务。（小林，2007：48）也就是说，近年来在科学技术社会论中频繁受到关注的科学技术的治理，是以这样一种超越启蒙主义的知识生产为目标的。

专门研究科学技术社会论的藤垣裕子认为，公共空间并非只由专家、科学家、技术人员握有意志决定的权力。同时，对这种知识所处的公共空间进行讨论，可以被视作促使对有知识者（专家）和无知识者（外行）之间的关系进行权力关系角度的反省，进而对"缺乏模式"重新审视，促使向双向性的PUS（Public Understanding of Science）转变的因素。此外，在仅凭科学的合理性无法解决问题的情况，不一定将专家的知识总是置于市民（外行）的优势地位，专家所无法想到的现场的知识，亦即市民一方的"现场知识"在意志决定的根据方面也可能起作用。（藤垣，2003：81）

科学的不确定性和局限性已经显露的今天，有专家独占的知识生产空间，以及知识应用（社会实践）的空间应该向社会大大敞开，应该摸索在这些空间中，多样的相关者相互交错形成学术知识的方式。

但是，尽管我们在这里肯定上述"学术的民主控制"的可能性，但还是必须指出，这样一种知识生产的治理的方式，在现实社会中存在着向政府型统治悄悄切换的危险性。它被作为绝对的善，或者是不存在疑虑规范性的善在现场被接受下来，实际上却在保留了权力关系的社会中，若不加注意，则存在由专家参与的政府型统治在表面上得到修补，治理的理想便被抽去主心骨的可能性。关于这一问题，将在第三部第3章进行详细论述。

"公共（Public）"的人文、社会科学

其后，在公共性论、市民社会论席卷之下，出现了很多学科名称冠以"公共"二字的学术领域。例如，分析与公共部门有关的经济学方面问题的公共经济学，探讨公共政策的策划、理想的专业技术的公共政策学，可以说就是其中代表。但是，被打上"公共"之名的学术领域，现在不再限于上述实用性的学科，而是扩展到了此前被认为缺乏应用性的人文、社会科学。同时，各个学科不仅是公共性的学术性检讨，还正在从"学术的公共性"观点出发，逐渐展开再检讨。

尤其是在美国，由于行动主义思想根深蒂固，在学术领域对应用性的追求相当显著。而过去以"应用"一词冠名的学科的方向，今年正在逐渐转向"公共"。这一动向，原本是与公共部门的任务密切相关的方向，向前文所述的"学术的公共性"转换的先声。但是，以公共部门作为主要行为主体发挥强大力量的应用型学术，如今正在逐渐向学术性治理的动向的步调靠近而改变其形式。尤其是历史学和考古学，以及本书的主题民俗学，正从背靠公共部门的知识生产，向在更为广阔的公共空间的语境中进行知识生产的性质变化。

例如在历史学方面，以美国和加拿大为中心，正在提倡被称为"公共历史学"研究方向。公共历史学这一属于是应用性的，且一直被作为与职业属性不可分割的术语使用。它是一种知识生产的运动，催生了国家机构和由其支持的项目，以及与其主题相对

应的教育专业。根据由其成长过程编成的公共历史学的"历史"，据说其发端至迟可以追溯到19世纪中叶的威斯康辛州历史协会（The State Historical Society of Wisconsin）的第一任干事莱曼·C.德雷帕，以及他的继承者鲁本·戈尔德·思韦茨（美国历史学家协会前身密西西比溪谷历史学会创立者）。他们认识到历史资料在多方面的广泛价值，不是为了自己，而是为了后世的人们收集重要的历史资料。思韦茨担任编者的，将耶稣会民族志资料集的英译本Jesuit Relatioans和18世纪中期到20世纪初的美洲大陆旅行、书简等贵重资料群整理结集的伟业，至今得到很高评价。

可惜的是，其后的文书馆员、编辑、博物馆学艺员并未能充分继承他们那样的地位。但是，20世纪50年代末到20世纪60年代初，面对历史学者的学术性活动空间（大学等）缩小的同时，接受其教育的学生增加这一现实，在"教室""图书馆"这些学院派空间之外，历史学家扩大了自己发挥作用的空间（Fishel Jr. 1986：8）。20世纪70年代后期，公共历史学这一术语被频繁使用起来。1979年，发展到了全美公共历史学协会（National Council on Public History）设立，并发行其学会机关志（*Public History*）。

现在，美国和加拿大的大学的历史教育课程和科目中，公共历史学的存在感正在增强。这不是研究公共性的历史学，而是思考历史学的公共性存在方式或社会实践的历史学研究方向。同时，它对精英主义和过度专业化、职业化（professionalize）的历史学提出批评，旨在推进政治性的自我意识和以社群为基础的历史建构的学问。同时，它还是在政治斗争中也具有可用性，向一切开放这样一种激进史学运动的核心。(Jordanova, 2000：141)对公共历史学可以作以下定义。

> 所谓公共历史学,是由社会的普通受众所见、所闻、所读、所解释的历史学。公共的历史学家通过突出(注:向来的历史学家所不使用的)非传统性文献与发表形式,并在构筑其学术的问题,以及产生在这一过程中特有的历史实践,推动学院派历史学的发展……同时,公共历史学是为公众所有的历史学。公共历史学通过突出学术的公共性意义,为了将历史学家的研究成果送达到制度性学院派学术之外的普通受众,而进行改变自身形式的教育的学问。[1]

公共历史学是以去学院派主义,强烈指向历史学在现实社会的应用为其最大特征。同时,它强烈主张历史学在社会上的存在意义与有用性。公共历史学的参与者包括从专业性、职业性的学院派大学教员,到他们所教育的学生,以及博物馆的管理者和档案保管员、初等教育的教师、文化行政公共部门的从业员,进而包括景像和媒体的制作者、历史解说员(historical interpreter)、政策顾问(policy advisor)、顾问等,对历史学的应用抱有关心的人们。其应用并不区分政府、私有企业、大学等参与各方的立场差

---

[1] Public History Research Center http://publihistory.org/definition.html#baltimore。阅览日:2008年7月23日。

异和盈利与非盈利的差异。

例如以下易理解的情况，学习历史学，在博物馆和文书馆等公共部门发挥自己的技能，从事与历史相关的工作的人们，其活动便可视作公共历史学的一种活动。进而就广义而言，以在公共政策上的应用为目的，发挥历史学的学术能力收集、分析和提供资料的人们的活动，以及为先住民的土地诉讼搜集历史的证据并获得相应报酬，或承担为制定诉讼对策将企业的信息作为"历史"加以保留的业务并获得收益的营利性历史学调查的顾问活动等，也包含在公共历史学内。公共历史学是必须将旧来的传统学院派历史学认为不可靠，不作理会的职业和立场，以及它们的社会实践包含在内进行理解的现象。同时，可以说它是对封闭在制度性社会中，在小圈子里反复进行闭塞的讨论的学院派的对抗运动。

其后，与历史学相同，美国考古学也开始提倡公共考古学（Public archaeology）。并且，公共考古学也与公共历史学同样，向不仅限于研究，而是包含实践在内的复合型学问的方向发展。公共考古学现在定义如下：

> 研究考古学与社会的关系，在其成果的基础上，通过实践改善两者关系的尝试。（松田，2012：21）

"公共考古学"一词，是在1972年由查尔兹·R.麦克基姆斯三世率先使用的（McGimsey Ⅲ，1972）。当时的公共考古学是与学院派考古学相对照的平台，为应对文化资源管理（CRM: cultural resource management）这一实践性急务而诞生的。当时的文化资源管理，依存于与考古遗迹的保护与破坏缓和相关的，以说服立法者和开发业者为目的的官方支持。因此，在推进联邦政府和州等公共部门的历史保护观点的文化资源管理活动中，公共考古学兴起。

但是，随着考古学更加专业化、职业化，考古学中的"公共"要素，与在工作中直接性正式参与的考古学研究者相比，变得更主要由"代"市民和那里文化资源的考古学研究者构成。事实上，在"公共考古学"这一词语中，包含了对参加公共活动的考古学研究者的减少倾向，以及考古学的专业化、职业化进行警告的意味。与美国的这种动向并行，在英国也出现了相同的现象。在英国，作为与公共考古学相当的学术运动，诞生了"社群考古学（Community archaeology）"。

通过上述现象，公共考古学逐渐变成"代替"市民，或者说是代表市民建构文化资源管理战略的学问。而在考古遗物的破坏不断进行，公共考古学从通过文化资源保护和精密记录发挥作用这样一种普通的想法，向贡献于"公共利益（public interest）"的学问升华。进而，它使公共利益不仅限于对现在有用，而且向能够对后世的人有用的未来志向战略转变。其结果是，现在的公共考古学研究者认识到，简单的文化资源管理并不能充分满足考古学的公共利益，而向与市民本身的关心密切相关的学科转变。并且，它将公共考古学带向承认更加广泛的市民参与的"职业考古学的开放（Opening-up of professional archaeology）"，进而反过来诱使考古学与市民之间的关系本身成为学院派研究对象。（Merrinan, 2004：3）

公共考古学中上述提高公共性的现象，在其学问中形成新的方向，即"教育考古学（educational archaeology）""考古学的公共性解释"这些子领域。它们与如何将考古学的专业知识，通过学校和历史保存公园的解说策划、博物馆展览、解说词、书籍、宣传册、图录、解说性艺术作品等如何易懂地、正确地、有效地传达这一社会实践的技术论深化有关。因为，公共场所解说的方法与水平，在市民参加的趋势中不断被提高。（Jameson Jr., 2004：21）此外，现在向市民开放调查和研究场所的方式，正在全世界的考古学中广泛渗透，2006年在大阪举行的世界考古学会议（World Archaeological Congress）上，这一问题成长为讨论课题的中心。

上述萌芽于美国的公共历史学和公共考古学，在其出发点与公共部门所制定的政策不可分这一点上，和当下的学术公共性动向存在性质上的差异。下文将要详述的美国的公共民俗学，在这一点上也是同样的。在美国，公共历史学和公共考古学、公共民俗学具有公共部门介入其中的显著性质。其中一个原因，恐怕与美国曾经的"公共"的形式也有很大关系。但是，这样的形式在前文所述的"学术的公共性"中发生了很大改变，"统治者与被统治者""上与下"的纵向关系，可以被认为至少在理念上已经平等化。这是与向科学技术社会论所提出的管理性知识生产的形式变化平行的尝试，或者说是平行的社会现象，是以学术知识为学院主义和公共部门所独占的大力反省为基础的。这种现象，在下面介绍的社会学等社会科学上面有更鲜明的表现。

与市民对话的学问

在美国社会学，出现了提出"为了什么的知识？""为谁的知识？"的疑问，摸索向市民社会开放学术，或是去专业化方向的公共社会学（Public sociology）。这是由社会学者麦克·布洛维提倡的，作为"与市民对话的社会学"，尝试学术的批评性回转的学科（Burawoy, 2005）。布洛维对公共社会学作出了以下定义：

> （注：所谓公共社会学）是促使就影响社会命运的问题群进行对话，通过社会学者确定自己从微观视点支持的价值等，令社会学超越学院派学术，走向公共空间的社会学。在这里重要的是，反映公共空间的多样性的公共社会学的多样性。（*Burawoy et al.*, 2004：104）

布洛维从"为了什么的知识？"的观点出发，设立了为知识赋予价值的"手段性知识（instrumental knowledge）"和不赋予价值的"自反性知识（reflexive knowledge）"的知识区分轴。并且，他从"为谁的知识？"的观点出发，设立了面向"学院派受众（academic audience）"的知识和面向"学院派以外受众（extra-academic audience）"的知识的区分轴。通过这两个区分轴，他设定了"专业社会学（Professional sociology）""批评社会学（Critical sociology）""政策社会学（Policy sociology）"和"公共社会学（Public sociology）"四种社会学的形式。

首先，专业社会学将知识作为手段，面向学院派受众。它的对象是理论的、实证的知识，以客观性和协调性把握事实，其研究的正当性通过学术规范保证。这种类型的研究对学院派研究者同仁负有说明的责任，以专业的学术兴趣为基础进行，有时呈现自我参考性（自我满足）的症状。

批评社会学则对知识进行自反性把握，同样是面向学院派受众的社会学。它的对象是原理性的知识，对事实进行规范性把握，其研究的正当性以道德性思考为基础得以担保。这种类型的研究对批评性知识分子负有说明的责任，通过圈子内部的议论，有时会陷入独断性的教条主义。

政策社会学是将知识作为手段，将其面向学院派以外的受众传播的社会学。它以较为贴近日常的、具体的知识为对象，对事实进行实际性的把握，其研究的正当性通过被称作"有用"的有效性得以担保。这种类型的研究对当事人负有说明的责任，利用战略性介入的策略，有时会出现对当事人盲从的卑屈性。

另一方面，布洛维认为，公共社会学是对知识进行自反性把握，对学院派以外的受众发言的社会学。它以对话性的知识为对象，真实产生于共识，其研究的正当性由妥当性保证。这种类型的研究对特定的市民负有说明的责任，采取公共对话的方式，有时会存在一时性流行的随意性。公共社会学在面向学院派以外的受众发言，应对现实社会的问题方面，与政策社会学具有根底上的共通性，但在可以通过对话等方式将价值和评价进行自反性转化这一点，则是不同的。（Burawoy, 2005）

社会学者土场学以布洛维的这一公共社会学为背景，指出社会学与现代社会双方存在深刻的危机感。首先，社会学原本是"市民社会的自我反省之学"，但是随着环境问题、女权主义等新的社会运动兴起，经典社会学受到激进社会学的批评，由于迷你范式的群雄割据而走向去中心化。但结局是，激进社会学也"停留在社会学内部的学院派运动，几乎无法对现实社会形成任何影响"。（土场，2008：55）另一方面，现实社会由于20世纪80年代的新保守主义与新自由主义抬头，走向了"国家（政治体系）与市场（经济体系）造成的市民社会（生活世界）殖民地化"。（土场，2008：54）在这种危机感之上，公共社会学诞生了。

上述将本身的研究行为作为公共性存在向社会开放，或是与社会相联结的方向，在文化人类学也同样存在。美国的人类学者詹姆斯·皮库克将面向研究者的警句"publish or perish（要么写论文，要么消失）"改为略显讽刺的表现"public or perish（要么公共化，要么消失）"，主张文化人类学超越学院派贡献于社会，增强社会存在感的公共人类学（public anthropology）的重要性（Peacock，1998）。他的观点由罗伯特·博罗夫斯基等人进一步发展。博罗夫斯基对公共人类学作出了以下定义：

> 公共人类学，是与当下自身所设定的专业领域境界线以外的问题和受众相关联的学问。它与广泛的受众相联系，将焦点放在关于广泛兴趣的对话上。尽管人类学者已经参与到权利、健康、暴力、统治以及正义等今天的大问题讨论中，

但其大多数只是将与专业领域以外的人们几乎没有关系（或是其关系正在消失）的，狭隘（或是越来越狭隘）的问题精致化。而试图通过超越专业领域的方式去应对广泛的危机性悬案的公共人类学，则能够理解人类学者，有能力对当下的悖论进行再定置和缓和（尽管未必总是能够解决）作出贡献。通过有活力的公共性对话与人类学的洞察，可以期待公共人类学对专业领域进行再建构和再活性化。（Borofsky, 2000: 9）

正如上述定义表达的那样，公共人类学是超越作为学科的文化人类学的境界线，将其学术向现实社会开放，试图通过与市民的对话应对今天的社会问题的实践性学术取向。它也并不例外，是在对文化人类学以之为对象的课题和受众逐渐脱离普通社会进行批评中诞生的。

此外，地理学也在2005年的美国地理学会上亚历山大·墨菲会长的主题演讲中，呼唤强化地理学在公共性议论中的作用（Murphy, 2005），而受到社会学布洛维的影响，英国地理学者邓肯·费勒也提出了公共地理学（Public geography）。（Fuller, 2008）

将学术向社会开放，以及学术与社会相结合，是现代人文社会科学的大趋势。在这一点上，民俗学也是相同的。在美国，早在20世纪60年代就已经提倡公共民俗学（Public folklore）。它最初指的是博物馆和文化行政机关等公共部门的民俗学实践，很难说实现了当下意义上的"学术的公共性"。但是，其后它得到发展，现在已经渗透到美国民俗学界，逐渐成为探究民俗学的公共性的学术取向。同时，它还包含着对专业知识为学院派独占，以及对社会实践消极态度的反省。

4. 学院主义与社会实践的斗争史
——美国的公共民俗学

公共部门主导的民俗学

如果在世界范围内俯瞰民俗学，便可以理解它在20世纪60至20世纪70年代迎来巨大转换期。（菅，2010、2012a）这个转换期中，在美国诞生的民俗学研究取向，就是"公共民俗学（Public folklore）"。这一时代，是"被称为公民权运动与民族复兴的60年代，建国200年的狂热和寻根的70年代的时代"（八木，2003：37），以这样的时代为背景，像下文将要介绍的那样，得到国家规模的官方支援的文化政策（围绕着民俗的机构、组织、基金的创立）展开，大量民俗学者参与其中。

公共民俗学这一表现，进入20世纪80年代后在美国开始被广泛使用（Dorson, 1982：98），并在近数十年间逐渐在美国民俗学界占据了重要地位。它的成长过程，与前文介绍过的公共历史学和公共考古学类似。最初，它也具有浓重的"公共部门民俗学"的色彩。

《美国民俗学百科事典（*Encyclopedia of American Folklore*）》对一般认识中的狭义公共民俗学作出了以下解说。

以"公共部门民俗学（public sector folklore）"之名为人所知的公共民俗学，在学院（注：大学等作为研究主体的世界）之外，面对民俗的展览和记录、振兴等尝试。（Watts ed, 2007：319）

这种对公共民俗学的狭义解释，现在已经完全成为古色苍然，落后于时代的定义，已经大大修改过，但在萌芽期，它被理解为负责文化行政的公共部门所展开的民俗文化活动，这一点是确凿无疑的。如果对狭义的公共民俗学作更具体说明的话，它指的是属于艺术和文化，或是教育等相关的非大学的组织、机构，从应用的观点进行的民俗学性质的研究和活动。例如，标榜公共民俗学的民俗学研究者，大多活跃在艺术等文化性审议会和与文化遗产有关的历史方面的协会、图书馆、博物馆、社区中心、中小学校等教育机构、非营利民俗艺术和民俗文化组织等公共部门。他们不仅在田野进行调查和记录，还从事表演或民俗艺术的专业教育、展览、活动、声音记录、电台和电视台节目、录像和书籍等公共性计划和教育相关的素材的生产活动。

迄今为止，关于美国的公共民俗学，在日本虽然很少，但也曾作过介绍（饭岛，1998；八木，2003、2006；小长谷，2006；菅，2006、2008、2010、2012b），但公共民俗学这一民俗学的研究取向本身，在日本民俗学尚未充分渗透。

美国的国家政策与初期公共民俗学

现在，随着公共民俗学在美国民俗学的存在感不断增强，美国民俗学史正在从这一观点被重新解读。其原因是，过去公共民俗学性质的研究和活动，从掌握着学界霸权的学院派民俗学的立场出发，受到否定性对待，在学术史上几乎没有登场。而现在，可以说是"复权"，对曾经的公共民俗学性质的活动进行重新评价，与之相伴随的"公共民俗学正史"也逐步被建构起来。从这种正史来说，公共民俗学的历史，其渊源可以追溯到相当古老的时候。而其历史，与美国的国家文化政策轨迹是一致的。

美国的公共民俗学，比其他关于艺术和文化的学问，在更大范围内得到美国联邦政府的支持。由此观点出发，最初的系统性公共民俗学被认为发端于1879年设立的"美国民族学局（BAE: The Bureau of American Ethnology，前身是Bureau of Ethnology）"的活动。这是联邦政府的一个部门，以南北战争退役军人约翰·W. 鲍威尔为中心展开。在这里，搜集和记录了关于印第安原住民的口承文艺和物质文化、习惯、信仰体系等多个方面的文化[1]。这一机构资助了为美国民俗学和文化人类学（彼时区别并不明确）的发展作出很大贡献的法兰兹·鲍亚士，对印第安原住民文化的研究

---

[1] 该机构在1965年和史密森尼的人类学研究部合并，成为国立博物馆（现国立自然史博物馆National Museum of Natural History）的史密森尼人类学办公室（Smithsonian Office of Anthropology）。

和保存作出了实践性的贡献。

其次，美国公共民俗学的一大里程碑，是1928年"联邦议会图书馆（The Library of Congress）"的"美国民间歌曲档案（Archive of American Folk Song，其后改组为民间文化档案（Archive of Folk Culture）"设立。民间文化档案的民族志收藏多种多样，跨国收集了100万件以上的照片和记录原稿、声音记录等。阿兰·洛马克斯在这一机构发挥了巨大作用。他是在美国通俗音乐、民族音乐的收集、研究方面作出重大贡献的民俗学研究者、民族音乐学者，他与父亲约翰·A.洛马克斯（1912至1913年任美国民俗学会会长）一起，致力于美国民间歌曲的发掘、收集、记录、保存，留下了大量著作，同时也是一位活跃的音乐家。1936年到1942年，他担任管理美国民族歌曲档案的助手，与其父一起在超过20000处收集民间歌曲。这些贵重的收藏，在1978年转入"美国民俗生活中心（American Folklife Center）"管理。随着20世纪60年代开始的民俗复兴和民族复兴等运动所带来的对民族音乐关心的高涨，他们的成果得到了更高评价。

同时，洛马克斯还是活跃的"联邦作家计划（FWP: Federal Writers' Project）"的民俗编辑者。FWP是大规模的文化政策，是在考虑当时的公共民俗学时无法忽视的巨大里程碑。这是作为与富兰克林·罗斯福总统主导的新政相伴随的"联邦一号计划"，即艺术家失业救济事业的一环推行的。1935年开始，地方史、口述史、民族志、儿童书等的编纂事业在国家的支持下展开，动员了在大恐慌下失业的作家、编辑、历史学家、文艺批评家、考古学研究者[1]、地理学研究者等约600人。根据这一计划，收集、记录了美国各地的"历史""文化""传统""自然""民俗"，其成果以介绍美国各州的《美国导览系列（American Guide Series）》编辑成书。这些书，是FWP将作家们收集的民俗进行整理，在各州发行的，内容有州规模、市规模的记述，但整体上是以贡献于"美国"这一国家形象以及国家文化建构，将在大恐慌下喘息的美国国民进行文化统合为目的。

但是，对作为国家主导的文化政策的FWP，不能从"国家主义文化建构"和民俗主义批评这些有现代式之嫌的单纯构图出发进行短视的评价。在那个时代（在日本则是民间传承之会组织，初期民俗学诞生的时代），在世界范围看来，都是民俗被视作资源的时代。在德国被作为纳粹德国的政策性资源，在苏联则被视作以马克思主义为基础的普罗列塔利亚文化的体现而得到肯定和利用。另一方面，美国的FWP则有一个特征，即虽然同样是国家对民俗的积极利用，但其实际参与者却反过来具有左翼性质。因此，通过FWD收集起来的资料，包含着很多工厂劳动者的话语，以及被歧视的非洲裔美国人、印第安原住民和其他移民等少数者的口述史笔录等，逸出当时的浪漫主义学院派民俗学的内容。实际上，失业文学者和将他们组织起来的左翼团体也参与到FWP中，"参加

---

　　[1] FWP不仅是公共民俗学发展的原点，也可以说是前述公共历史学和公共考古学的原点。在美国，公共部门所展开的文化政策的原点包含了历史学、考古学、民俗学三个学科，日本的文化财政策也同样包含了这三个学科。

左翼文学运动的人，在它（注：FWP）的出发阶段和实施阶段都作出了很大贡献"（村山，2003：37）。

此外，还有在FWP中扮演了比马洛克斯更为重要的角色，如今被高度评价为"公共民俗学之父"的民俗学研究者本杰明·A.波特金。波特金在1938至1941年就任FWP的国家民俗编辑（national folklore editor），成为FWP实质上的负责人。他原本就创造了folk-say这一术语，不是关注残存的民俗，而是关注民俗中的文学价值的同时，着眼于文学（尤其是口承文学）中的民众的价值，一直关注普通民俗学研究者所忽视的"人"。（Botkin, 1931）因此，波特金将FWP的民俗采集事业定位为，将民俗学研究者所掠取的属于民众的民俗，以易懂的形式还给民众的运动。（Botkin, 1933：10）正如从这种激进主义的思想看到的那样，他虽然深入参与国家的文化政策组织，但另一方面与左翼运动也有不少关联。（村山，2003：38）

如前文所述，不仅身处FWP指导性立场的波特金，由于参加FWP的人都相当程度地为左翼文学运动所倾倒，FWP本身由国家主导的同时，与其动机相反变成了反抗，被视作有可能导致否定当时国家体制的活动。由于这个原因，第二次世界大战开始后，FWP被联邦议会等批评为非美国活动（un-American activities），联邦政府终于在1939年终止了对这项计划的财政资助，州的财政资助也在1942年废止。

学院主义vs公共

其后，波特金与音乐学者查尔斯·西格一起实施了调查与记录大量美国音乐的运动，此外，在1942至1945年担任前述联邦议会图书馆的美国民间歌曲档案负责人。1944年，年轻的波特金就任美国民俗学会会长。在这以后，他辞去政府方面的职务，专注于写作活动，以FWP收集来的被埋没资料为基础编纂了《美国民间传说的宝库（*Treasury of American Folklore*）》（Botkin ed., 1944），以及其后的宝库系列（Botkin ed., 1947、1955、1960等）。对波特金而言，学问与面对民众的活动是相连续的，由于这些宝库系列书籍面向民众，写得平易且"有趣"，顺利地在社会上渗透开来，《美国民间传说的宝库》成为8版共40万部的畅销书。但另一方面，将尊重研究活动的民众性贯彻始终的波特金，受到当时以民俗学的学院化为目标的学院派民俗学严格主义者，被指为"将民俗学通俗化的人（popularizer）"。

这一攻击的急先锋，正是著名民俗学者理查德·M.多尔逊。堪称学院派民俗学巨头的多尔逊，指责20世纪50至20世纪60年代以波特金为代表的"应用民俗学（公共民俗学在当时的称呼）"是大众迎合主义和商业主义的，不是学问。他将folklore稍作修改，称波特金的著作内容是fakelore（伪民俗），对其进行激烈且执拗的攻击一事，是非常有名的[1]。多尔逊批评波特金的原话非常辛辣："众多读者为本应提供美国民间传说正确资料的大量文献所惑乱，是不幸的。以1944年《美国民间传说的宝库》开头的本杰

---

[1] 多尔逊的伪民俗论的成立及其对美国民俗学的影响，以及多尔逊流的公共民俗学批判，已由八木（2003）进行过细致的检讨，详见其研究成果。

明·A.波特金所编宝库系列，是以娱乐为目的的，具有被视作民间传说资格的不过是极少一部分。面向儿童的《民间传说集》毫无价值。"（多尔逊，1981：393—394）多尔逊对民俗被政治性操作和利用一事，执拗地进行批评，不仅批评波特金著作的民众性，同时趁当时反共运动的"红色恐怖"之机，对波特金的研究中的左翼政治意识形态进行批评。这一反波特金运动，也反映了美国民俗学会内主导权之争的形势，在20世纪50年代初对应用民俗学，也就是现在所说的公共民俗学采取宽容态度的学院派民俗学研究者，争相对其冷淡下来，将参与社会实践的民俗学者挤到了学界的边缘，而波特金和马洛克斯也在一段时间里被从美国民俗学的正统学术史抹去了。

这同时还是"为了巩固民俗学在学院派学术中的地位的斗争"（八木，2003：22—23），可以说多尔逊在这次斗争中获胜。进入20世纪60年代，美国民俗学会的主导权基本上掌握在学院派民俗学研究者手中。认为民俗学不是为研究者所独占的优秀艺术，而是为人们所共同拥有的波特金，当然与多尔逊无法相容（虽然曾经关系很好），但也并未直接回应多尔逊的批评，实践性、应用性的活动在学界中失去了存在感。

但是，学院派民俗学的这一做法，却大大背离该时代的社会需求。与这样一种民俗学的"纯粹"学院化相反，被多尔逊视作不纯的，具有实践性和应用性的公共民俗学活动，反而更适应那个时代。如前文所述，20世纪60至20世纪70年代是巨大的社会转换期。这一时代，美国的民权运动、学生运动、女性解放、少数派争取权利的斗争、反越战运动激烈化，以鲍勃·迪兰为代表的民谣复兴运动等兴起。与这些运动相联动，国家对原本可以说是美国的阿克琉斯之踵的多元种族、族群熔炉的状况，在作为"文化多样性（cultural diversity）"给予尊重的同时，实质上却推进通过"多样性中的集中（unity in diversity）"塑造"一个美国"的文化政策。

公共民俗学与文化政策

从20世纪60年代到70年代，美国形成了从资金、组织、活动三方面对公共民俗学的发展给与很大支持的公共部门据点。这就是"全美艺术投资基金（NEA: The National Endowment for the Arts）""史密森尼民俗节（Smithsonian Folklife Festival）"和"美国民俗生活中心（American Folklife Center）"。

1965年，在约翰逊政权下制定了"艺术人文科学国家基金法（National Foundation on the Arts and Humanities Act of 1965）"，在此基础上，给与人文、社会科学方面的研究者支持的"全美人文科学基金NEH：The National Endowment for the Humanities）"和资助艺术家的"全美艺术基金"等基金设立，民俗学的实践也得到了这些基金的支持。同时，讽刺的是，在对公共民俗学猛烈否定的多尔逊就任美国民俗学会会长的1967年，成为现在的公共民俗学基石的"史密森尼全美民俗节（Smithsonian Festival of American Folklife）"在任职于史密森尼博物馆的民俗学研究者拉尔夫·C.林兹勒主导下开始了。后来，它又改称史密森尼民俗节，到2013年为止，共举行47次。

该民俗节在每年6月底到7月初，独立日前后共10天在华盛顿特区的国家广场举办。从举办的时间地点，应该也能够理解这一活动与美国这一国家的密切关系。在这个节日上，来自全美各州以及多样的族群的民俗音乐家以及表演者、民俗工艺家、故事讲述者、厨师等聚集在一起，现在已经发展到组织海外民俗文化相关特集的水平。这不仅是简单的娱乐活动，同时还起着美国民俗文化学习中心的作用。公共民俗学研究者深入参与其策划、运营一事毋庸赘言。而这一互动本身，现在也已经成为民俗学研究的对象。（Satterwhite, 2008; Thompson, 2008; Diamond, 2008; Diamond/Timillos, 2008; Combs, 2008; Straker, 2008; Trimillos, 2008）

美国民俗生活中心。其档案收集了多领域数量庞大的民俗资料。（2011年7月9日，联邦议会图书馆，华盛顿特区。菅丰摄。）

进入20世纪70年代以后，公共民俗学实现了进一步发展。1974年通过NEA的"民俗艺术计划（Folk Arts Program）"，政府推进了关于民俗艺术和公共艺术保存与表现的支持和培育。NEA的角色相当于日本的文化厅，资助美国国内的艺术文化活动，1982年起进行对可以称为美国版"人间国宝"的"国家遗产会员（National Heritage Fellowship）"的指定等工作。1976年，《美国民俗生活保护法（The American Folklife Preservation Act）》制定，"民俗生活（folklife）"和"文化""传统"的国家性定位得以明确。这一法律所规定的"民俗生活"，是"指美国内存在的各种各样群体所共有的传统表现文化，亦即与家庭、民族、职业、宗教、地区等相关的事物，表现文化包括习惯和信仰、技能、语言、绘画、建筑、音乐、舞台表演、舞蹈、戏剧、仪式、展示、手工艺等创造性、象征性的多领域模式。这些文化表现，主要通过口传、模仿、实践习得，通常不是在公共教育和成型指导方式的帮助下维持"[1]的事物。进而，以这一法律为基础，联邦政府开始投入美国的民众生活文化保护和保存，同年在前述联邦议会图书馆内设置美国民俗生活中心。这是一个"关于民俗传统的展览和研究等多种多样表象的相关活动，不仅是专业民俗学者就其方法和方向对使用者给与参考性意见，同时还是以促进关于民俗生活的教育、展览、宣传活动的促进为主要目的"的机构。（小长谷，2006：23）

---

[1] 美国大使馆http://aboutusa.japan.usembassy.gov/j/jusaj-arts-folkarts.html。阅览日：2010年4月3日。

这一机构的创立，是可谓公共民俗学中兴之祖的阿奇·格林等公共民俗学研究者对议会的游说的功劳。

上述国家层面的文化政策，也影响了州政府等地方的文化政策，社会上对公共民俗学的需求高涨，在州、市政府层面也开始创立应用民俗学的公共机构，接受过学院派民俗学教育的研究者在社会上的活跃场所（实话实说就是工作岗位）也相应增加。就是这样，在20世纪60至20世纪70年代，现在被称为公共民俗学的民俗学学术取向被确定下来，进而在80年代与联邦政府和地方政府公共部门的文化政策和活动相联动的同时[1]发展起来。在这一过程中，即使是在顽固排斥公共民俗学的学院派民俗学中，也必然会将公共民俗学当作其议论对象。进入20世纪80至20世纪90年代以后，公共民俗学成为美国民俗学的重要课题之一，展开激烈的争论。

学院派与公共派的和解

进入20世纪90年代，公共民俗学的重要论著开始大量发表。（Walle, 1990; Abrahams, 1993; Baron/Spitzer eds., 1992; Baron, 1993、1999; Briggs, 1993; Kodish, 1993; Montenyohl, 1996; Beck, 1997;

---

[1]公共民俗学和政府机关之间似乎总是处于蜜月期，然而并非如此。实际上，其活动规模受到政府意向（预算削减等）影响而缩小、扩大。因此，对美国的公共民俗学而言，政府的意向是很大的制约因素，公共民俗学者对此不得不敏感，有时候其活动成为拥护政府的行为。关于公共民俗学的政策性意义，小长谷有深入研究。关于在美国包括民俗在内的文化政策发展，马特尔（2009）和片山（2008）曾作过细致检讨。

Lloyd, 1997）其中最为重要的是罗伯特·巴龙和尼古拉斯·R.施皮泽尔共同编著的《公共民俗学（*Public Folklore*）》（Baron/Spitzer eds., 1992）。这是公共民俗学最初的专门化论集，可以说是公共民俗学的权威著作。[1]

1992年，曾参与多个民俗的公共计划的大卫·舒尔迪纳任编辑的以公共民俗学为主题的杂志《正在使用的民俗——现实社会中的应用（Folklore in Use: Applications in the Real World）》刊行（1995年停刊），发表进行公共民俗学实践的研究者深入现场的研究。同时，当时还是关于民俗多方面运用可能性的《使用民俗（Putting Folklore to Use）》（Jones ed., 1994），以及主张对历史和生物、文化多样性、民俗生活的整体性保护的《所谓文化保护——遗产新论（Conserving Culture: A New Discourse on Heritage）》（Hufford ed., 1994），对传统民间疗法的应用性进行讨论的《治愈传统——替代医疗与医疗专门职业（Healing Traditions: Alternative Medicine and the Health Professions）》（O'Conor, 1995）等关于公共民俗学的重要著作相继出版的时期。此外，与美国民俗学会会刊 *Journal of American Folklore* 并列的美国民俗学界权威期刊 *Journal of Folklore Research*，还在1998年发行的第35卷第3期组织了"应用民俗学"特集。

---

[1] 罗伯特·巴龙是纽约州艺术评议会（New York State Council on the Arts）的民俗艺术总监，尼古拉斯·施皮泽尔任新奥尔良大学教授的同时，还是公共电台"美国之路（American Routes）"的创设者和主持人。两人都是彻底的公共民俗学研究者，本领域的意见领袖。

20世纪90年代，是公共民俗学被定位为美国民俗学界重要课题的时代。它已经不再是多尔逊所说的"不纯"的民俗学，而是成长为对美国民俗学而言不可或缺的重要研究取向之一。作为其成长的象征性事件，1996年美国民俗学会年会上，会长简·C.贝克所作演讲可为一例。她题为《评价实际成果（Taking Stock）》的演讲中，作为当前有必要对作为研究领域的"民俗"的名称和内容重新审视的一大根据，举出20年代60至20世纪70年代学问中占据桥头堡地位的公共民俗学，当时处于第二个扩展期的现状，对其存在感之大抱以肯定态度。同时，她还表示当前正是填平学院派民俗学与公共民俗学裂痕的时候，强调美国民俗学的公共性展开的重要性。（Beck, 1997）

另一件说明公共民俗学成长的象征性事件，必须举1998年在德国巴特洪堡与德国民俗学者共同举办的国际会议为例。在巴特洪堡的会议上，就《公共民俗学——社会知识性实践的形式（Public Folklore: Forms of Intellectual Practice in Society）》的题目，就公共民俗学直接进行了白热化的论争。这一事件，体现了美德两国民俗学从社会所受的影响，以及这些影响下对民俗学理解的巨大差异，意义深远[1]。

如前文所述，德国民俗学在第二次世界大战前和战时中的第三帝国期间为国家社会主义助力，被纳入纳粹德国的国策，积极

---

[1] 这一议论的内容，在 *Journal of Folklore Research*（1999: 36-2/3）以 Special Double Issue: Cultural Brokerage: Forms of Intellectual Practice in Society 为题组织了特辑。

参与政治。出于对这段历史的反省，德国民俗学对民俗学的政治性
进行自我批评，致力于民俗学新形象的根本性变革和再建构。对民
俗及民俗学的政治性、民俗的利用特别敏感的德国民俗学，当然不
得不对在美国成长起来的公共民俗学的形式极为慎重应对。因为，
德国民俗学从美国的公共民俗学窥见了自己曾经的负面形象。

　　如后文将要论述的那样，美国的公共民俗学在民俗学存在的现
场以局外人的身份"介入（intervention）"，积极地直接参与对其加
以利用和应用（包括保护）的"文化的中介（Cultural brokerage）"行
为。对于这种做法，德国民俗学不直接对民俗的利用、应用、中介
现场参与其中，而是像民俗主义批评那样，从外部对这种状况进
行评价，站在批评性的立场参与其中。亦即，两者对学术的理解
存在根本性分歧。因此，在巴特洪堡会议上，就文化和学术的把
握方式、与社会的关系、研究方法等问题，美国民俗学者和德国
民俗学者显露出根本性的意见差异。

　　与美国民俗学者积极参与以实践性社会贡献为目的的公共民
俗学相对的，德国民俗学者虽然对这样的活动进行研究，但并不
参与其活动本身。瑞士民俗学者克里斯汀・布克哈特－希巴斯等
人指出，就这种对民俗学进行实践性把握抱以消极的或否定的态
度，是德语圈各国学者共通的立场和姿态。（Burckhardt-Seebass/
Bendix, 1999: 205）因为，纳粹德国时代的阴影，仍然深深扎根在
德语圈民俗学中。

　　上述横亘于美国民俗学与德国民俗学之间的，两种不同的价
值和取向，以及同一学问无法以相同尺度互相理解的状况，美国

民俗学者芭芭拉·科尔申布拉特－吉布列特称之为"不可通约性（incommensurabilties）"（Kirshenblatt-Gimblett, 2000: 1-3）。所谓不可通约性，是科学哲学等所使用的术语，指概念和方法、目的等相异的范式之间，各自使用的概念和方法无法对应，成为相互理解障碍的状态。美国和德国之间，关于学术在社会上的角色的根本部分无法相互理解，或是形成了无法相容的部分。但是，在美国国内，却尝试对曾经存在巨大鸿沟的学院派民俗学和公共民俗学之间的不可通约性加以克服。

经过上述议论，进入21世纪后关于公共民俗学的议论也并未衰退。2000年美国民俗学会会刊 *Journal of American Folklore* 第113卷447号集中刊载了关于公共民俗学的论文，2002年的美国民俗学会年会上，时任会长，公共民俗学研究者佩吉·伯尔格作了题为《回顾与前行——作为公共的专业的民俗学的发展（Looking Back, Moving Forward: The Development of Folklore as a Public Profession）》的会长演讲，强烈主张美国民俗学具有独特的潜力，在此前的公共领域问题以外，对知识产权和文化遗产等全球性课题都能够发挥作用（Bulger, 2003）。此外，2006年刊行的119卷471号组织"为人们，与人们共同行动——21世纪的公共民俗学（Working for and with Folk: Public Folklore in the Twenty-First Century）》特辑，介绍了观光产业、公共饮食文化启发、初等教育中的公共民俗学实践活动。

曾经为学院派民俗学独占的学术性发表媒体学会杂志上，公共民俗学的议论如今也得到充分展开。同时，美国民俗学会作为学会本身，人员构成也更向公共民俗学倾斜，美国民俗学会会员中约半数身份为公共民俗学研究者。克林顿执政时担任NEA第7代总裁（1998—2001），其后参与奥巴马政权移交工作团队的比尔·艾伟这位公共民俗学领域的著名学者，曾就任美国民俗学会会长（2006—2007）。此外，学会的30个分委会中，公共民俗学研究者结成的"公共计划小组（Public Program Section）"成长为规模最大的一个，而作为奖励公共民俗学优秀业绩的奖项，被冠以曾经为多尔逊等学院派民俗学排斥的波特金之名，设立"本杰明·波特金奖"。

正如从上述进入21世纪以后的种种现象看到的那样，在美国，如今公共民俗学的存在感日益高涨，民俗学对公共性问题的应对也越发积极。而这一学术取向也将曾经持否定态度的学院派民俗学和市民卷入其中，在提高学术公共性的同时，完成了向对社会开放的知识生产模式的转变。

知识生产的关系结构

通常，在美国民俗学界，根据所属的机构和团体、社会立场、职业等属性差异，各自应该完成的不同mission（任务、使命、目的）是鲜明的，且其完成其属性规定的mission的意识也是鲜明的。换言之，所属的机构和团体、社会立场、职业的区别，也很大程度上规定了民俗学研究者的研究取向和对象、方法。如果简单地说，属于以大学为中心的学院体系，只致力于专业教育和自我完结的研究的研究者被视作"学院派民俗学研究者（academic folklorist）"，属于博物馆和文化行政等公共部门的研究者被分类为"公共民俗学研究者(public folklorist)"。而职业上不属于任何地方,得到各种基金的资助和支持从事社会贡献活动的研究者,被称为"自由民俗学研究者(independent folklorist)"或"独立民俗学研究者(self-employed folklorist)"。这些分类,是明确意识到不同立场的差异,以及不同立场所应承担mission的差异而成的。在不同的立场上各有定位和责任的研究者,每个立场都有类似的观点和方法、行动模式和倾向性,各有其可能性和局限性,各自从不同立场出发提出主张和行动,其各自的立场性是显而易见的。

反过来纵观日本的民俗学,这样的分类似乎先验性地被认为异样。前文介绍过的那样,日本民俗学由多样的职业、立场相异的人们参与的特征(考古学和历史学、文学等也与此类似),在学院派化的过程中被遮蔽了。例如,在一般学科的学会和研究会的问答环节,提问者在自我介绍时大多会说明大学等所属单位。以本人为例,自我介绍时通常会说"我是东京大学的菅丰。"但是,民俗学相关的学会和研究会上却甚为奇妙,习惯上是将"某某县"的修饰语冠在姓名之前。现场的气氛是,由于我住在东京,就必须自我介绍为"东京都的菅丰"。

这种情况,在过去民俗学研究者企图对日本全国的民俗事例进行比较的时代,也许会有些许作用。此外,如果说这是让不属于学院派机构的人们,在面对任职于大学的权威学院派研究者时不会有压迫感的体贴做法,也并无不可。但是,恐怕也应该注意到,这个习惯无意识地掩盖了前文所述的民俗学参与者立场的多样性这一学科构造。

不仅是民俗学，这样的风潮在曾经吸收了乡土史的日本史学也同样可见。信息学、历史知识学专业的石川彻等人，也对历史学的学会上同样的自我介绍感到异样。石川写道："为什么发言者不说明自己的'单位'呢？……无论是在历史的杂志上，还是学会、研究会的提问者，都绝不会说明'单位'。据闻，似乎是因为'历史学相关的人从乡土史家到大学教师都有，历史解释并不会因为供职单位不同而改变'。从权威横行的世界看来，虽然会觉得这是多么美好的事情，但是也会想，这在学术的世界究竟好不好？'T大学的老师说的当然不会错'这种想法当然危险，但是表明自己是'T大学的某某'提出问题，也是表明自己对提问发言负责。"（石川，2009）如果说这种看起来排除了学院主义的权威性，保证发言场合的平等性的对立场的掩盖，实际上是对权威性的模糊，应该亦不为过。

确实，从20世纪50年代起日本民俗学逐渐学院化，其议论空间的闭锁性和学术的阶层性亦随之生成。但是，掩盖各自的立场或属性的苦肉之计，对这种构造性问题的根本解决毫无作用。不如说，保存这种隐蔽的主导权，反而使其发挥了作用。我们必须注意到，美国的公共民俗学是具有对抗学术主导者性质的。

从公共部门的民俗学到公共民俗学

虽然美国的公共民俗学曾经具有以公共部门的研究者等为中心展开的性质，但是现在谈论公共民俗学时，这一性质已经不再确切。公共民俗学在其发展过程，即民俗学在提高其公共性的过程中，克服学院派/非学院派这一属性和立场的隔阂而展开，向合作联动的民俗学转变。进而，它通过将市民包括进参与知识生产的行动者中，克服职业/非职业这一专业差距而展开，完成了向合作联动的民俗学的转变。它进一步向"学院派以外的空间（extra-academic venues）"（Bauman/Sawin, 1991: 289）敞开了。

现在，它的参与者不再限于任职于文化审议会和历史方向的协会、图书馆、博物馆、社区中心等公共部门的人。在职业上不属于任何单位，但接受公共基金的资助和支持从事社会贡献活动的"自由民俗学研究者"和"独立民俗学研究者"，以及受他们鼓励的传统的传承人和普通市民也参与到公共民俗学中。同时，大学的学院派民俗学研究者当中，当然也存在很多参与公共性活动的人，他们的活动现在也包括在广义的公共民俗学当中。

根据2002年美国民俗学会的调查，约44%的美国民俗学会会员具有公共民俗学研究者的身份。由于这一数字还不包括在公共部门得到职位而没有加入美国民俗学会的民俗学研究者，以及身为学院派民俗学研究者的同时参与公共部门的计划的人，可以推测，至少半数美国民俗学研究者以某种方式参与到公共性活动中（Wells, 2006: 7）。在这一点上，前面介绍过的狭义公共民俗学的定义，与这种现状便不再相适应。

上述公共民俗学的换位，或者说是协作联动的运作，给公共民俗学的定义带了重大变革。巴龙和施皮泽尔提出了以下最适于表现现在的公共民俗学的定义：

> （注：所谓公共民俗学就是）通过传统的所有者与民俗学
> 研究者，或是与文化有关的专家相互协作的活动，对社群内
> 部，或是跨社群表现的新轮廓线和语境中存在的民众传统进
> 行表象和应用。（Baron/Spitzer eds., 1992: 1）

美国的公共民俗学，在多样场合和空间，以多样的手法对"民众传统（folk tradition）"进行"表象（representation）"和"应用（application）"。例如，可以说是美国公共民俗学的代表性活动的，以民众传统为题材的活动民俗节。从承担国家规模、世界规模课题的大型活动史密森尼民俗节，到作为其基础在各地生成的小规模的民俗节，在全美各地举办。除相关文化行政的公共部门有关人员以外，大学教师等专家和在野的独立民俗学研究者，以及学生和普通市民等也作为志愿者和见习生参加其中。此外，理所当然的，作为保持被表象文化的地方居民，"传统的所有者（tradition bearers）"也作为核心参与活动。

参加活动的音乐和舞蹈、故事、饮食文化、职业技术、民俗艺术等民众传统，不仅在被保守的民俗学研究者视作"原本应在之处"的社群内部，还在其外部的公共空间——节日现场展演。如果以日本民俗学式的表现来说，就是不仅在"传承母体"，而且在其外部语境中，民众传统被"再定置""再语境化（recontextualization）"。其结果是，在尝试民众传统的持续和活

性化的同时，形成了体验、学习他者所保持的民众传统的机会。在这里，接受过民俗学训练的人作为"引导者（facilitator）"和"主持人（presenter）"使社群成员和传统的所有者互相"协作"，在获取他们的想法的同时，或是给与"拥护（advocacy）"的同时，创造展示和展演的策划和手法、架构和语境。"引导者"在周到的准备基础上，积极"介入（intervention）"成为对象的社会和民众传统，有意识地进行"文化客体化（cultural objectification）"的尝试，同时联系多样的相关者和部门，成为进行"文化中介（cultural brokerage）"的"文化中介者（cultural brokers）。

在上述文化的交流、文化的对话过程中，所重视的是在场者的"参加（participations）"。这些人们不是单纯参观民众传统的观众，而是作为合作者形成参加者社群。他们就传统的传承人的行为发出疑问，通过答案学习。并且，通过共同歌唱、舞蹈、品尝、制作去理解被客体化的异文化和少数者的文化。在现场的所有人都成为"学生"。创造这个社群，推动人们参与其中，使现场受到鼓舞并付诸行动的，是掌握专业知识的引导者或主持人的任务。

各个展示在民俗节期间，都经过反复的建构和再建构。并且，每次展示都举行会议，由包括传统的所有者在内的参加者进行"自我评价（self-evaluation）"，将浮现的问题点和改善点自反性地、顺应地反馈到下一次展示。在上述活动中，尤其注意决不将参加者视作"物（object）"加以客体化（尽管关于这一理想是否得到实现存在意见分歧）。在这种展示周围，为了使仅靠展

史密森尼民俗节上哥伦比亚陶器制作的现场展示。观众就是参加者,通过提问等方式与传统的所有者进行双向的交流。(2011年7月8日,国家广场,华盛顿特区。菅丰摄。)

示无法完全表现的丰富文化得到更好理解,还准备了出售DVD和书籍、音乐CD、工艺品的商店,以及提供成为主题的民族食品的餐厅。

在上述民俗节的形式以外,民众传统还以演讲会、展览会、学校教育、文化观光路线等方式得到展示。这些活动不仅是文化的传播,同时还具有使参加者理解民众传统的教育现场的功能。这种公共民俗学在长达数十年的历史中得到钻研,现在已经开发出一套无论在哪里都可以应用的系统化(体系化的、组织化的、统一的、泛用性的秩序)实践技术。

在这里,必须看到美国公共民俗学对民众传统的积极且自觉的介入,以及民众传统去本真化、去语境化的意愿。它正在摸索民众传统有意识地超越"真正的"传承空间，对以人为主体的民众传统的应用和利用。我们必须注意到，它在这一点上与简单的传统保护、文化财保护之间，有一条明显的分界线。同时，它试图从以人为主体的福利的观点出发，对通常很容易针对文化介入进行的民俗主义批评和民俗学政治性的批评进行有意识的超越，这一点也是必须要注意到的。

对公共民俗学的批评

如此干脆彻底的实践主义，当然会再次受到来自本应已经和解的学院派一方的批评。岩竹美佳子指出，20世纪80年代起，在英语圈的文化人类学"reflexivity（作为客体的自我内省，自反性）"（详见第二部第5章）一词，与"表象的危机（crisis of representation）"一起关键词化，这一现象波及到20世纪80年代的美国民俗学，唤起了"民俗学的政治性"问题。同时指出，这一问题包含有"我和我转过身，将自己客体化，置于历史的、政治的语境中，重新审视自己至今为止以学术之名所行之事，是否能说是纯粹以学术为目的？对他者进行表象的行为，其内在的政治性意义是什么？"的意义。（岩竹，1996：9—10）因此，公共民俗学所孕育的政治性和从外部进行的他者表象、商业化等问题，就成了学院派民俗学最好的批评目标。

科尔申布拉特·吉布列特整理了公共民俗学的上述内在问题，以及对这些问题的批评，并提出了包含克服这些问题的重要视角的论述。（Kirshenblatt-Gimblett, 1988: 141）她认为，由于公共民俗学的发展，民俗学作为学科可以加强，就职范围由此扩大，民俗学在吸引学生方面获得成功。（Kirshenblatt-Gimblett, 1988: 141）但是，这也蕴涵着参与为提供经费等条件的政府的主张不作批评地"辩护"[1]的危险性，而另一方面，学院派民俗学则能够不参与这种辩护，发表批评性意见。（Kirshenblatt-Gimblett, 1988: 142）此外，她还指出了文化的所有权、民俗艺术的建构性、文化的客体化等公共民俗学中存在的问题。

但是，她主张学院派民俗学可以就公共部门行为对参与这些行为的人（政府相关人员和公共民俗学研究者）本身造成的冲击，承担起通过民族志的视角进行研究的重要任务。（Kirshenblatt-Gimblett, 1988: 152）简言之，将学院派民俗学和公共民俗学分开，是"错误的二元论"。她在这里指出的围绕公共民俗学的表象的权威性和文化的客体化问题，是公共民俗学批评的最大论点。

---

[1] 在这里，科尔申布拉特·吉布列特对拥护（advocacy）是持否定意见的。这种观点，恐怕是从对国家等活动赞助者的拥护的角度出发产生的否定性视角，但advocacy原本是中性用语，也可以意指对居民或民俗所有者权利的拥护。现在，这一术语在社会学等学科，被用作从第三者的立场介入改善弱者所处状况，代替当事人提出具体策略的活动之意。值得注意的是，这一术语现在作为原本由行政独占的的政策决定行为向社会开放的积极的治理方式，以肯定意义使用。从这一点来说，为了民俗所有者，民俗学者是可以介入地方社会，进行拥护活动的。此外，美国民俗学也就"拥护"展开议论（*Journal of Folklore Research,* 2004, 41-2/3, Special Double Issue: Advocacy Issues in Folklore等）。

在公共民俗学的活动中，文化的客体化的状况是不可避免
的。对于这种状况，有人提出对公共民俗学者在对文化及其所有
者进行客体化的过程中，研究者与因此而传统被表象的地方的人
们之间产生的力量上的不公平和立场的非对称性的批评，以及表
象的力量掌握在对传统进行大规模建构的民俗学研究者（简言之
即公共民俗学研究者）手中的结果，导致地方的人们的主体性实
践被限制或否定这一问题的批评（Handler, 1998）。此外，还有
对1992年史密森尼民俗节上就莫戎（17至18世纪从西印度群岛、
几内亚被带来的黑人奴隶）传统的所有者进行调查的研究，其本
身潜藏着与动物园或马戏团、19世纪至20世纪初的博览会同样
的异国主义为基础的歧视性他者表象问题的批评。（Price/Price,

卡特里娜飓风的受灾者和民俗学者卡尔·林达尔（右）。他们在受灾后，
建立了"在休斯顿从卡特里娜和丽塔活下来"计划。（2012年10月25日，新
奥尔良。菅丰摄。）

1994）并且，还有批评指出，民俗节不仅对文化客体化，同时连文化的所有者也进行客体化－物化。（Kirshenblatt-Gimblett, 1991、1998）

对于上述批评，公共民俗学研究者作出了反驳，认为批评者无视传统的所有者通过参与活动所获得的利益（社会性地位的赋予和荣誉）。并且，公共民俗学研究者反驳道，自己以协作社群的利益为第一考虑因素。（Baron, 2010: 86）公共民俗学研究者主张，这种自觉性的客体化确实不仅对文化，所有者也被卷入活动中，但这是以为多样性的人们创造利益为目的的，客体化一词，绝不能被当作单纯的恶语（dirty word）或侮蔑性用语（pejorative term），亦即含有否定性意义内容的词语去把握。

事实上，美国公共民俗学的活动目的并非像日本这样，仅仅以将民俗本身当作文化财进行保护、保存的静态状况为目的，同时还以促进保持该民俗的人们的状况改善（少数派文化和多元族群的文化价值的再评价等），上述传统的所有者的地位提高以及产生经济利益的动态状况为目的。同时，美国的公共民俗学还拓展自己的活跃空间，参与到多种公共领域中，尝试了战争记忆的记录化[1]，以卡特里娜飓风灾后复兴为目的的体验叙述收集与记录，以

---

[1] 在美国公共民俗学的据点之一—联邦议会图书馆的美国民俗生活中心，开展从第一次世界大战到今年的伊拉克战争为止的关于战争的个人叙述和书信、照片等史料的Veterans History Project。这一计划在市民自己进行收集史料、访谈等活动这一点上是很独特的尝试，但是必须注意，它在另一方面也是带有非常强政治性的活动。

及为受灾者提供收集技术训练的计划[1]等。对公共民俗学研究者而言的文化客体化，归根结底是以有助于人们的"幸福（幸福观的标准还需再检讨）"为目标进行的积极追求。

以上，就在美国萌芽并完成其发展的公共民俗学作了详细论

---

[1]休斯顿大学的民俗学者卡尔·林达尔在2005年与独立民俗学研究者帕特·贾士珀一起设立了"在休斯顿从卡特里娜和丽塔活下来（Surviving Katrina and Rita in Houston，略称：SKRH）计划，现在也作为共同总监继续活动。美国在2005年8月和9月遭到两大飓风（卡特丽娜和丽塔）从墨西哥湾登陆袭击，酿成惨祸。这次灾害导致受灾地新奥尔良出现大量受灾者，涌到其西边数百公里以外的休斯顿。林达尔在休斯顿直接参与接收受灾者的支援活动时，设立了利用受灾者的民俗学知识的支援计划，并将其组织化。这就是SKRH计划。

这一计划将受灾者雇佣作为收集整理灾害记录和记忆的访谈者。被雇佣的受灾者在美国民俗生活中心的资助的"田野学校（学习访谈等田野调查技法的讲习会）"接受访谈所需的训练，学习基础的技术和方法、伦理等。受灾者对其他受灾者的受灾体验和关于失去的近邻的记忆，以及避难期间构筑新社群的状况进行记录。这个计划的核心是收集灾害的"故事"，但并不停留在单纯的"记录"阶段。访谈是由受灾者，面对受灾者，以受灾者所用的多样性语言进行的。在灾害里"活下来"，不仅是食物和衣服、日常生活的必需品得到保障，还通过他们对自己的"故事"进行管理，着眼于形成自己的未来。

在当时的美国社会，对飓风灾害的电视、报纸等媒体报道出现明显的偏颇（与东日本大震灾中几乎过度的美化正好相反）。在报道中，强奸、强盗、暴乱等负面的话题频繁登场，充满悲惨、痛苦、浅薄的信息。而且，不时出现根植于对黑人、拉美人的种族歧视的报道。但是，通过这个计划，受灾者得到表达自己的体验的机会，实现受灾者对灾害的理解，由此带来受灾者（访谈者和被访谈者双方）的精神治愈。

上述SKRH计划，是一直作为美国民俗学研究对象的"体验表达"在收集记录计划中的应用。但是，它的特征在于，不是单纯由民俗学研究者进行收集和记录，而是受灾者学习"讲述""倾听""书写"其表达这一点。这个活动，是面对通过媒体报道在普通社会流通的偏颇的信息，将灾害体验整体进行完整记述和呈现，以受灾者自己的声音进行反驳的尝试。其成果后来通过电台、展览会、网络公开。心理学等其他研究领域，也展开了对这次灾害的支援计划，但是更接近受灾者，重视受灾者的视点和他们所保持的价值这一点上，作为体现民俗学独特性的活动，本计划得到很高评价。此外，本计划在民俗学的学术方面，也作为产生口述研究的新的重要局面的活动而引人注目（林达尔，2012：Lindahl, 2006、2012）。

述。它的萌芽期与公共部门所实施的政策密不可分，其参与者也以供职于公共部门的相关者为中心。当时，以纯粹科学为目的的学院派民俗学和公共民俗学之间，横亘这难以填平的鸿沟。但是，随着学术的公共性得到认识，学院派民俗学从严格主义学识的包围中解放出来，同时公共部门的民俗学则努力拂去自身的政治性，致力于保证参加相关者的多样性和协作性，公共民俗学这一新的知识舞台基本形成。这可以理解为民俗学向治理型知识生产模式转变的路径，同时也可以理解为对学问知识由学院主义和公共部门支配的状况深入反省的过程。

学术的公共化，以及美国以此为基点的公共民俗学的诞生和进化，并不是在世界上某个特定场所、特定学术领域发生和展开的特殊问题。它是学术在现代社会各处被改变，新的知识生产和社会实践模式不断诞生的，学术知识的大潮流（将在下一章论述的模式论）的一个断面，称之为世界上所有学问都正在面对的现实亦不为过。不同的学科，与这种状况直接面对，在知识生产的方式和场合、参与者发生变化，这种变化也被期待这样一种现代性状况中，重新审视其本身的工作目的和对象、方法和理论，正是当下的要求。

5.走出知识的包围——模式2的知识生产模式

现代式知识生产——模式2的时代到来

知识生产的空间——学术的制度与权威仍然在社会上占据着稳固的地位，但另一方面，知识生产的空间的"去制度化"现象也正在同步发展。鬼头秀一注意到在科学制度化的贯彻不断深入的同时，时代的潮流明显向"去制度化"的方向发展，预言这种"科学的'去制度化'的潮流今后即使进一步增强，应该也不会被否定和压缩。"（鬼头，2012：261）

确实，鬼头所预言的"去制度化"这一知识生产的潮流，在现代成为愈发巨大的浪头涌来。20世纪90年代中期，以科学技术政策论专业的迈克尔·吉本斯为中心编成的《现代社会与知识创造——什么是模式论？（*The New Production of Knowledge: The Dynamics of Science and Research in Contemporary Societies*）》在科学论研究领域内得到很大反响。在这里他清楚地分析了以专家，尤其是以在大学里被制度化的学科中的学者为中心展开的传统的知识生产模式以外，更多样的相关者参与的新的知识生产模式正在生成的现代学术状况。它被认为是超越说明封闭在学者的世界中的科学技术研究活动模式的罗伯特·莫顿的"共同体论"和托马斯·塞缪尔·库恩的"范式论"，更广泛且上位的知识生产模式论。（小林，1997：7）

吉本斯将围绕着现代社会的知识生产模式大胆地区分为"模式1"和"模式2"。模式1的知识生产模式是，"统合科学技术中牛顿模型在各个研究领域的传播，由保证对被认为是健全的科学实践的事物的服从而发达起来的概念、方法、价值、规范的复合体"。（吉本斯，1997：292—293）这是由学科的认知语境产生的，至今为止存在的传统性知识生产模式（学问），使用科学（science）和科学家（scientist）的说法。

与此相对，模式2则被认为有必要使用知识（knowledge）、实践者（practitioner）等更为普遍的词语。（吉本斯，1997：22）模式2"作为社会上的知识生产者和使用者一同扩大的结果登场"（吉本斯编著，1997：293）的新的知识生产模式。

吉本斯所提出的模式2的知识生产形式，正是当下在现实中发生的学术知识的状况。同时，它对重新把握未来学术和社会的关系，或是学者与市民的关系具有重要的启发意义。对这一包含丰富意义的模式的特质，在将原著（Gibbons et al., 1994：3-8）和小林信一监译的译本（吉本斯，1997：24—34）进行对照的基础上，再次作一简单说明。这一模式可以总结出以下五个特质。

首先，模式2的知识生产的第一特质，是在应用情境（knowledge in the Context of Application）中的知识生产。由于application一词在日语中无法置换成合适的词语，日译本表记为片假名アプリケーション，但是在这里打算先将其理解为"应用"或"适用性""社会实践性"。但必须注意到，这里的"应用"在它通常用于"应用"科学这种表现时，包含着超过技术论且商业主义的，以学科为基础的既存的模式1中已经被回收的"应用"之上的意义。从模式2产生的知识是从广泛的动机产生的，人们期待它是不限于产业界和政府，而是"对更一般化的社会的某个人来说有用的知识（着重号为引用者所加）"（吉本斯，1997：25）。模式2的知识，因应是复杂而多样的知识的、社会的需要和关心被生产、流通的。生产这些知识的需要和关心，不是像模式1的知识生产那样作为被给与的存在，而是因应现代社会的动向以及必要性而唤起的。

其次，模式2的知识生产具有"跨学科（Transdisciplinarity）"的第二特质。它与一直以来所说的陈旧通俗的"学际性"的说法性质相异。跨学科性的做法，在不要求自己的研究课题和方法具有独特性和固有性这一点上，与总是以自己的学科为基础的越境交流的"学际性"存在根本性的不同。它是在"复杂的应用指向的环境中，集合广泛领域的专家，以团队的方式面对问题的做法以上"的，"通过在行动的框架中统合不同技能，决定潜在的解（注：solution）"，"最终解的形式，超过起过作用的个别学科的解"。（吉本斯，1997：26）

细究这种跨学科特质，则会发现它具有以下四个侧面。

第一，发展导向解决问题的努力的进化性框架。这一框架，最初并未广泛普及，但不久就由于其他实践家而适用于其他的语境。它是创造性的，由此获得的理论性合意无法简单地还原为个别学术领域的知识。第二，其解同时包含了经验性要素和理论性要素，跨学科的知识，发展出独立的理论构造、研究方法、实践模式。第三，其成果在参加者的参加过程中传播。换言之，它不是通过职业的学术杂志和会议上的成果报告，而是通过具有独创性的实践家移动到新的问题语境中得以普及。第四，它是动态的，不断发展的问题发现能力，但其知识将要用在哪里，如何发展是难以预测的。也就是说，学识的形式本身经常是流动性的。

模式2自由地飞跃被既定框架（恐怕也可以说是"势力范围"）细分化的过去的学科分界线，同时进行知识交流，由此在与过去的学科不同的相位上形成理论和方法、实践的新学识。

作为模式2的知识生产的第三个特质，可以看到其参与者的"异质性和组织多样性（Heterogeneity and Organizational Diversity）"。模式2的知识生产，由于参与者所带来的技能和经验而呈现异质性。这一点和第二个特征具有重合的性质。不同背景的人们参与到模式2的知识生产中，解决问题的团队，其结构也由于必要条件的变化而变化。同时，它具有产生下述多样性的知识生产据点和网络、交流的特征。

1.增加知识生产的潜在性据点。大学和大学以外的研究机构、研究中心、产业界的研究所、智库、咨询机构，通过相互作用也会成为知识生产的据点。

2.通过多样的手段，亦即电子的、组织的、社会的或是非官方的手段，使交流网络发挥功能，据点间联结起来。

3.同时，知识生产据点的研究范畴、研究领域越来越细分，知识生产据点走向差异化。这些下位范畴的再结合与再配置（reconfiguration）[1]，形成新的有用的知识。随着时间推移，知识生产脱离传统学科，逐渐走向新的社会性语境（吉本斯，1997:29）。

---

[1] 在译本的术语解说中，就configuration说明如下："意为形状配置……configuration一词，其含义不是部分或要素的简单配置，而是整体配置具有要素总和以上的性质。"（吉本斯，1997:290）

在这里，灵活性和适时性受到重视。因此，参加的组织的种类非常多，并因所应对的问题的变化而被附加、消解、再编，亦即反复离合聚散。但是，这种离合聚散并非否定性状态，而是因其能力为应对新问题而生成新的组织和网络的原动力而产生的。看参与者的异质性和组织的多样性这些特征，即可理解模式2的知识生产，将与向来的学院派研究者集合的象牙塔相异质的世界卷入其中，大大扩展的实施。

自反性的知识生产平台

模式2的知识生产的第四特质，是它被要求"社会问责与自反性（Social Accountability and Reflexivity）"。随着前文所举第三特质的参与者的异质性与组织的多样性状况的发展，理所当然地，不同相关者之间就必须提高其信息的透明度。在异质的人和组织参加知识生产的情况下，如果不熟知和理解互相之间的信息，则决议和合意形成便无法顺利进行。不断扩大的关心对象和相关人员，使在其后的决议过程和政策协商事项的设定中，产生了说明的必要。因此，说明责任就成为不可或缺的特质。

关于"自反性"，亦即reflexivity，吉本斯将其定义为"对人的上进心和企图所包含的价值的反射。参加知识生产的个人，从所有参与的相关者的观点出发采取行动的过程"（吉本斯，1997：290）。这一词汇在科学史上被翻译为"反射"，但对普通人来说难以理解，日译本译者以"从反映参加者自身价值等的观点出发"，统一为"自我言及性"这一词语，补充吉本斯的定义。

　　稍微岔开话题，必须在这里就被翻译为"自反性"的reflexivity略作阐述。在前文曾经介绍过布洛维的公共社会学中的"自反性知识"这一知识的区分轴，这种reflexive——自反性，是与新的知识生产显示共通性的重要特质。

　　由于reflexivity一词在种种人文、社会科学的领域具有多样的意义，在多样的语境中被使用，其日语翻译也有"再归性""反省性""自我反省性"等多种译法。而这一词语所指的内容意义，也因学者所依据的学科、视角、概念规定的差异而不同，是无法定下单一定义的概念。

　　例如，以这一概念在社会学"展翅"的安东尼·吉登斯的reflexivity，是将其用在过去的现代化是将传统（社会、文化、自然）现代化，由此产生新的现代，而其现代化又突破现代本身而使其走向彻底现代化这样一种自反性的语境中。（吉登斯，1993等）此外，使用reflexivity一词，对社会学给予巨大影响的皮埃尔·布迪厄则与吉登斯等的自反性现代化议论不同，在以现代社会为对象的同时，尝试对其社会中的学术性实践作自反性社会学的构筑。（布迪厄、华康德，2007等）但是，布迪厄检讨的是在社会整体中社会科学的成立条件，与吉登斯的整体论虽非全部相同，但有部分重合之处。

　　另一方面，使用reflexivity的研究中，还有关注暴露在他者审视之下的行为主体转向自我审视，行为作用对自己造成影响的循环状况的研究个案。社会学的俗民方法论等的研究即是其典型。这是作为主体的研究这个人对其所占据的位置和权力，以及其问题设定和认识的框架进行自我认识，就自己的话语和行动对研究的现场、研究对象，以及研究者本身发生影响或还原的状况进行细致审视的内省研究取向。在这里，研究者与研究对象，或是研究者与研究者自身的自反性关系和相互构造的形式成为研究的课题。

此外，同样的观点在文化人类学和民俗学也在同时代出现。在这里，reflexivity一词是作为返回到自我身上，或是通过自我言及将自我客体化的"主体与客体的融合"意义使用的（Myerhoff/Ruby, 1982）。由于reflexivity一词的出现，文化人类学和民俗学向这样一种学问或学者的自我内省运动发展。

下面让我们回到吉本斯的模式论。他所使用的reflexivity概念，可以放在上述的人文、社会科学的议论语境中定位。它的概念与其说是吉本斯所说明的"科学（自然科学）"，不如说人文、社会科学的研究是先行的（简单地说，自然科学研究者对这一问题感觉迟钝！），吉本斯也是在这样的背景之下，参照吉登斯的研究的同时，将这一词汇纳入省察的内部。因此，随着社会上的reflexivity兴起，人文科学对提供这方面的知识有以下期待：

> 作为自反性供给侧的哲学、人类学、历史学等，逐渐为需求方断绝。接受供给的人们，也就是实业家、技术人员、医生、规范团体以及大量普通人，面对庞大的问题需要实践性、伦理性的指针。例如，向传统的人文科学研究期待具有文化感受性的指南，向法学研究期待有经验性根据的伦理，

以期待及民族史的建构或关于性别问题的分析等。（吉本斯，
1997：32）

简而言之，在模式2的知识生产状况中，与积极的"科学（自
然科学）"相对的，希望人文、社会科学能够供给关于漠不关心的
伦理或行动方针的根本知识。由于跨学科化，将自反性的思考方
式植入自然科学，使其萌芽，人文、社会科学可以起到很大作用。

最后，阐述一下模式2的第五特质。这就是"质量控制
（Quality Contral）"。以模式2对生成的研究，以及研究者的评
价基准问题进行把握，则很容易理解。在模式1的知识生产中，
通过同行评议进行研究的品质管理，以这一制度控制方法和参
与者。简言之，在像模式1这样的"学科中，同行评议是个人围
绕这学科发展的中心课题工作。这些课题主要是由学科及其守
护者们的学术兴趣和固定观念所反映的基准决定的"。（吉本斯，
1997：33）

在此之前，知识生产是由科学家集团进行的，默顿将这个集
团称为"学术共同体"。藤垣裕子解释了这一共同体的本质是对
研究预算、研究人员、研究环境的总动员，对其进行再生的竞争
性"期刊共同体"。所谓期刊共同体，是"进行专业期刊的编辑、
投稿、审稿活动的社群"，对科学家的研究的判断、累积、后进培
养、社会资本基础而言，发挥重要作用。（藤垣，2003：16—17）
因此，学者为了在这样的社群里生存，对这种社群的标准、需要
不得不服从，或是不自觉地顺从。

但是，模式2的知识生产，则是由知性的，以及社会性的、政治性的广泛关心追加多个多维性的基准。亦即"反映了（注：研究的）品质评价系统的社会性构成扩张，在广泛的标准基础上决定"（吉本斯，1997：33）。也就是说，由模式2获得的知识，超越期刊共同体，纳入社会上多样的价值，在超越期刊共同体的更宽广的社会上接受评价。

　　以上，就吉本斯提出的现代知识生产模式论进行了解说。在模式2中看到的应用性、跨学科、参与其中的相关者的异质性和多样性、自反性、以及其评价轴的多样性特质，应该可以说正是在现代社会各处出现的新的知识生产的形式。也可以称为向社会开放的知识生产。当然，恐怕也可以反驳说，吉本斯等明确区分呈现的模式的二元对立，并不能如此截然划分。此外，虽然他们暗示将市民等非专业的人包含在知识生产的相关者中，但说到底，它是以大学的高等教育普及化带来的知识阶层扩张为前提的，存在受到无论如何无法消除精英气息的批评的可能性。

　　吉本斯等人认为，模式2是由模式1派生而来，模式2并非取代模式1，而是起补充作用。他们的主张的关键在于，把握住过去一直支配知识生产的世界的外部，新的知识生产的世界正在扩大、扩散的现实，使社会觉醒。这种把握知识生产的扩大、扩散的方式基本上没有错误，从它与前文介绍的"学术的公共性"的重要现象在很多点上相互符合，应该就可以明显看出来。这种学术观，是对现在的学术和研究的形式进行重新思考的重要观点。

　　而且，从这样的观点出发，和过去在日本萌芽的民间学和

"野之学问"联系起来，便可以理解，重新审视现代学术的形式
这一点，也勉强可以说并非无意义。当然，我并不打算鲁莽地
将它们与模式2的知识生产模式等同起来。反过来，在形成今天
的"野之学问"之时，模式2的知识生产模式特质将会成为重要
的线索。

第三部

"新野之学问"的可能性与课题

1."新野之学问"时代的到来

兴起的"新野之学问"

现在在日本，围绕地域社会的知识生产与社会实践，不仅仅是学院派研究者或公共部门的研究者参与其中，正在被更为广泛的在"学院派之外的场所"的人们所推动。像这样的一种动态，我们称之为"新野之学问"。

在"新野之学问"中，比起超越学术、公共部门的这种结构，更需要超越专家、学院派以外人员的这种格局，并由此摸索向社会开放，连接知识生产与社会实践的方向性。这是通过非学术职业型人员和职业型研究者共同的研究、实践与应用来加深地域理解，进一步强化与地域社会的联系或者发现地域的问题，试图为了解决这些问题的一种活动。

虽然以学院派以外的人们为主体的实践性知识生产的存在状

态——"新野之学问"与曾经的"野之学问"相类似，但绝不能以等同视之。现在的"野"与曾经的"野"是不同的，"新野之学问"作为与曾经的"野之学问"具有不同的知识生产和社会实践的方式，现在，在此正在建立起来。

在现代社会中，发现在我们自身周围——"野"中的问题，收集、分析、传播、实践与其相关的情报，并构建组织、获取资金的人们的能力——literacy和愿望，要比过去创造作为"野之学问"的民俗学的时代显著提高。因此，专业知识的普及化、大众化得到进一步发展，作为专家的学院派研究者的立场正在被相对化或非特权化。在此状况下，"新野之学问"运动显得更为活跃。

例如，针对水俣病问题的对应以及因水俣病而凋敝的町村的重建，水俣病患者与市民及行政之间的协作努力。对此，由在熊本县水俣市政府工作的吉本哲郎在1995年命名为"地元学"[1]。在那里，生活于本地区的居民探寻本地既有的资源（注：并非"追求不存在的东西"，而是"追求既有的东西"），展开了有助于生活振兴的尝试。在这样的自立的知性的收集与体系化的背景中，是以如下理念为前提的：

> 外部人员帮助我们调查了水俣病的事情。但是，住在这里的我们却对此并不详细了解。所以，做不好也没关系，我

---

[1]译注：日语的"地元"，有当地、本地的意思。"地元学"中文可为"本地学"或"乡土学"。

们自己去调查吧。首先，要我们自己做调查，思考为什么会是这样的，为了当下发挥作用吧。为此，首先是不自己调查的话是不行的。如果不以我们自己的事情由我们自己来解决这一自治力为根本，不可能产生持续的动力。（吉本，2008：3）

这里的"地元"——乡土的自立的知识作为提倡的理念，与曾经作为"野之学问"的民俗学的原型所持有的理念有些微相似之处。

与在自身周围的世界中进行知识生产的这个"地元学"几乎同一时期，在东北也出现了类似的民间知识创造的动向。作为民俗研究家的著名的结城登美雄实施的为了地域再生的文化协调，现在被统合于这个同名的"地元学"中进行讨论。（结城，2009）并且，从现在的"地元学"的存在状态而言，伴随着在全国展开网络化的同时，正在各地得到应用和实践。

甚至，成为"百姓学"[1]的"新野之学问"也被创造出来。"百姓学"是近几年由"农民"的宇根丰所提倡。宇根从1973年起任职福冈县农业改良普及员，1989年在福冈县二丈町（现系岛市）开始从事农业。在2000年辞去了福冈县职员生涯，成立了NPO法人机构"农与自然的研究所"，并担任代表理事（2010年解散）。宇根获得了博士学位，拥有农水省生物多样性战略检讨会委员等公职，还出版了很多著作，是一位具有多面性的人物。他从1978年

---

[1]译注：日语的"百姓"有农民、百姓的意思。

开始进行"减农药稻作运动"，并在此基础上开展了"农田的生物调查"，把不能被以往的科学所纳入的、通过地域以及"村落的内部""来自内部的视角"的知识创造作为目标进行推进。他对创立"百姓学"的必要性做了如下阐述：

> 我不轻视学问。相反我在思考是否能够从内部创建学问。当我明白在迄今为止的学问中存在着没有被把握的世界的时候，当我判断在迄今为止的农学范畴内存在着没有被纳入的把握这个世界的方法的时候，我就想只有兴起新的学问了。对此，虽然有很多的顾虑，但也只能去"创学"了。
>
> 所谓的"学问"似乎是知识的体系，为了创学，就需要有表现知识的方法论。把至今未能成为知识的东西作为知识，这就成为新的学问。这里包括两个方面，一个是跨入新的领域，另一个是对至今存在着的世界进行重新表现。在分子生物学等学科中，因为对DNA进行解析，得出了一直被视为异种的东西原本是同种的结论，这是前者的方法吧。作为后者的方法，民俗学是其典型。对在此之前不过是仪式和风俗的这些东西是如何形成如何传承的、具有什么意义等问题，尽管不能完全弄清楚但把它们记录留存下来的民俗学，就是新生的表现体系之学问。
>
> 我所设想的即是后者的方法。如果能够开拓出一种方法和意义的话，一种被认为把农民没有表现出来的东西和事物使之表现出来为更好的方法和意义，那我思考的来自内部的

学问就开始了。问题是，为了什么要进行创学呢？把农民不需要的东西说成是什么需要的，这并非要让学者认可，而是要让农民认可，如果不是这样的话，这学问就不能产生。

因为这样下去，某些东西就会因此而消亡。如果被消亡就麻烦了。创学是为了反击某些东西的消亡。所谓的某些东西，就是新的学问要弄清楚的东西。我所掌握的很多的东西记录在这本书（注：《百姓学宣言》）里。这当然是来自农民内部的视线，是情爱，是情念。如果换用现代的来自外部（既存的学院派的学问）的表述的话，那就是农民的自然观、劳动观和世界认识。（宇根，2011:330—332，旁点为引用者加）

这个"新野之学问"的创学精神，依然与过去的民俗学原型所具有的精神相似。在现在这样的一个新时代，不用说是在学院派的民俗学研究者中，抑或是在相近的在野的民俗学研究者（学院派之外的日本民俗学会会员等）中，甚至是在更外围的外部，像这样的一种精神可以说已经根深蒂固。换言之，就是在把自己作为客体存在的同时，在自己所处的位置上，为了自己，构筑在既存的学术世界中没有的或是被忽视被轻视的新的知识的运动，已经在制度化的学问的外部展开。并且，可以说像这样的一种运动，其形成不仅限于过去"野之学问"诞生的近代这种状况之下，它也是在当今现代这种状况下不断涌现的知识生产和社会实践的一种运动。

在其他方面，民俗学者的赤坂宪雄所提倡的"东北学"等，也可以认为是作为与这样的运动同时代的一种现象。在1999年出版了《东北学》刊物，与其相呼应，在东北各地出现了创造地域文化和地域知识的地域学。并且，作为以地域的人们为主体的传播媒介，于2005年出版了《仙台学》以及《会津学》《盛冈学》《津轻学》《村山学》等刊物，对这样的一些动态，也可以把它表述为这种现代"新野之学问的"的创造运动。

作为"新野之学问"的"市民调查"——宛冢的自然与历史之会

如同这些"地元学""百姓学""东北学"那样，即使不直接冠以"学问"之名，"野"的，即学院派以外的、"普通的人们"自己进行调查和传播的活动不胜枚举。例如，现在的以"市民调查"的形式就已经取得了成效。所谓市民调查，是由社会学者宫内泰介将其概念化并在地域社会进行知识生产的一种方法。它"不是由职业研究者展开研究的简易版，而是具有独自的特征和意义的东西"，"职业研究者的调查研究是站在严密的方法论之上展开，以对学会和学科作出贡献为目的，对此，由市民展开的调查是通过市民的视线重新构建各种各样的方法，以解决和发现具体的问题并取得更广泛的实践说服力为目的"（宫内，2003：566）的一种知性的技法。并且，市民调查与"行动研究"和"参加型调查"表现出来的技法也是相似的。

宫内的市民调查被认为是以"谷中学"为前史，并定位于在前文中介绍的鹿野政直的"民间学（包含民俗学）"的系谱中。"谷中学"是田中正造在晚年定居于栃木县谷中村时所提倡，他告发了作为日本最初的公害问题的足尾铜山矿毒事件。而且，在这样的动态中，被认为也包含了高木仁三郎的"市民科学"和上述的地元学等活动。作为在野的大规模的知识生产与社会实践的方式，这些运动都是基于社会的需求而出现。

要说这些运动的代表性事例，我想在这里介绍国家认定的"NPO法人宍冢的自然与历史之会"的志愿者活动。这些活动虽与民俗学这一学科密切相关，但远远凌驾于这类学科范畴之上，成为地域社会中大规模的知识生产和社会实践。而且，从这些活动来看，可以知道它们完全具备吉本斯在现代知识生产模式模式2中所提示的特征：应用性、跨学科性以及与此相关的参与者的异质性、多样性、自反性以及评价轴的多样性。

宍冢的自然与历史之会在茨城县土浦市，为了保全以宍冢大池为中心约100公顷的"里山"[1]这一片地区，以此为目的开展了多方面的活动。作为展开"里山"保全活动的先驱，这个组织获得了很高的评价，现在拥有约600名会员。以筑波市、土浦市等地新规进入的新居民为中心，这个地区的老居民当然不用说，还有由大学的专家、学生、企业、教育机构等具有多样属性的人们互相协作，把这项事业开展起来了。在当地实施的主要活动有：在"里山"或湿地中除草，驱除水池中的外来物种，称为"稻田塾"

---

[1]译注："里山（satoyama）"一词源自日本，没有严格的定义。词典、事典、大百科之类的解释有：相对于奥山（okuyama，深山）、深山（miyama）是和住户比较接近的山地；是在平原农村、都市近郊中存在的原来的薪炭林；存在于集落的附近，是过去采集薪炭用木材、野菜的与人关系密切的森林；等等。现在，因为赋予了新的价值，如"wikipedia"的解释为：指的是与集落、人里（hitozato，人聚居的地方）邻接的结果，存在着受到人类影响的生态系统的山林（https://ja.wikipedia.org/wiki/里山）。

的无农药、无化学肥料的大米生产销售（宍冢米）及其预购制度，还有以宍冢的自然为主题的各类学习会等等。上述这些活动毫无疑问是近十几年来在全国各地形成的市民环境保全运动的其中之一，主要是因为由"市民"展开的环境保全层面的活动而备受关注。但是，宍冢的自然与历史之会活动的特征有一点很明显，就是它很早就认识到被民俗学等学科作为对象的地域文化的重要性，不仅仅是保护地域的自然，也保护地域文化，并且从最初开始就一直坚持有效利用的方策。

由于宍冢的"里山"有七成以上都是私有地，因此作为活动的主体推进活动的新规迁移来的都市居民而言，他们不具有出入"里山"的正当性。当初，对地域的人们（地主）来说，这些活动具有外部价值转移之嫌，是有可能产生违和感和摩擦的一种活动。在缓和这二者对立关系的基础上，这个团体对本来就自然而然掌握的地域文化——传统文化的理解与关怀，具有极其重要的意义。

1980年，以新规迁移来的都市居民为主体成立了野生鸟类等的自然观察会，宍冢的自然与历史之会就是以此为基础发展而来。1987年形成为定期举行的观察会，这就是这个团体的母体。1989年，宍冢的自然与历史之会正式成立，在筑波市市民会议等地方呼吁大池的重要性，并参加了筑波市市民文化节的展出。之后，每月定期举行自然与历史的观察会，出版会报《五斗莳通信》，并开始对当地人进行访谈记录。到了1990年，除了进行除草、水质调查、举行观察会等围绕自然的活动之外，还开始了对宍冢大池的历史、环境的访谈调查，又推进了与土浦市政府等公共部门的情报交换和协商。再后来，接受了由企业出资的环境类财团等的资助，并在反复向公共部门陈情的同时，积极推动自然保护活动。而且，因为在1998年成立了"历史部会"，加强了宍冢的自然与历史的访谈记录和资料收集等活动，第二年的1999年，在"日野自动车绿色基金"的资助下，出版了《访谈记录——里山的生活》。（宍塚の自然と歴史の会，1999：144—145）

　　这本《访谈记录——里山的生活》总计146页，以宍冢为生活场所的地域居民讲述的9篇访谈记录为主构成，"对内容未经加工，依照原话记录"。（宍塚の自然と歴史の会，1999：146）在此书中，与文章一起还适当地编入了民具、生产技术、动植物精美的手绘插图和照片、电脑图像，作为所谓的"民俗志"，其完成度相当高。另外，当地居民自己执笔的随笔以及博物馆的活动记录、年表、农作物统计、土地利用图、老房子布局图、民俗词汇集等也收录在内，其作为资料的价值也非常高。在2005年，又在"自然保护助成基金""7-11绿色基金"等资助下，发行了《续·访谈记录——里山的生活》。（NPO法人宍塚の自然と歴史の会，2005）此书的总页数增加到了334页，除了对当地人访谈调查的文章，还刊登了与调查相关的会员重新组编的类目篇。在这些类目篇中，对调查成果进行了归纳整理，其中包括农业用水、山、谷津田和稻作、旱田和作物、住、食、衣、年中行事、动植物等内容。

　　上述出版物与其他同类资料相比不分上下，或者说在内容、编排以及精致度方面都更胜一筹，如第二次世界大战后由学院派民俗学编撰的所谓的"民俗志"；学院派民俗学者或公共部门的民

俗学者作为调查者、执笔者，由地方自治体等刊行的自治体史和
"民俗报告书"等。而且，这些出版物还被选为茨城县中学推荐图
书，并作为环境教育的课外读物使用，等等，与在即成的体制中
以学院派研究者为主编制的"民俗志""民俗报告书"相比，更具
有社会的影响力。

那么，在这些地域文化志的刊行过程中，专家们究竟是如何
参与的呢？编撰这些出版物的会员们为了求得各专业领域专家的
指教，好像前去拜访并听取了意见。其中包括地方博物馆的专业
人员和大学教师等与民俗学相关的研究者，他们在访谈调查技术
以及数据处理等方面提供了建议，以此发挥自己的作用。[1]但是，
另一方面，也听到一些透露出来的声音，对于这样的市民的活动，
他们并不参与甚至持否定的态度。

> ……最初，我和大学老师商量，想开始干了，老师却说
> "你们调查的话，田野都被糟蹋了，很难办啊"，这样，就边
> 自学边各种各样地尝试着干，有这样的经历……

在上述"大学老师"讲的话中，反映了学院派研究者对研究
行为和研究对象的独占意识。从中可以看到对于把地域的人们及
其他们的生活物象化、客体化的自己的行为，他们并没有进行反

---

[1] 宍冢的自然与历史之会·历史部会，http://www.kasumigaura.net/ooike/hist/index.
html。阅览日：2011年5月5日。

省，而且无意地认为只有专职的研究者具有使之客体化的权限，这是非常不成熟的，是顽固的学院派研究者的一种思维。但是，不承认学院派之外的人去接近地域文化，这种狭隘而幼稚的意识，已经轻易地被这些非专业人士所克服。从属于宍冢的自然与历史部会并参与了两次地域文化志编撰的某会员，对自己的访谈和记录行为有如下的体会：

> 以我来说，刚开始去问以前的事情的时候，感觉完全摸不着头脑。也许是平常理所当然的事情，但我却怎么也形不成印象。话题转到好像自己也体验过的领域，不知不觉就会探出身子，即使是我非常喜欢的抓泥鳅的事情，关于抓泥鳅的工具也要反复问几次才能理解，也不过如此，对没有经历过的、农业的实际的操作等，仅是简单地打听的话，尽是理解不了的事情。通过大量的提问交谈，终于把以前模糊不清的地方弄明白了，一下子就产生了兴趣，想问的问题也就渐渐多了起来。这让我明白了在宍冢存在着非常丰富的口口相传的内容。就我自己而言，到现在为止的最大收获，就是在宍冢遇到了一些非常了不起的人品好的人。什么样的事情是他们所珍视的并以此生活下来的呢？从他们话语的细微处让我学到了人生观，我感到能参加"访谈记录"真的是太好了。[1]

---

[1] 宍冢的自然与历史之会 · 访谈记录《里山的生活——土浦市宍冢》出版之际，http://www.kasumigaura.net/ooike/press/kurashi1.html。阅览日：2011年5月5日。

从这位会员的话语中我们可以发现，这些学院派以外的人们所认识到地域文化的价值以及对此进行"访谈记录"——"调查""记录"行为的价值，与学院派民俗学者以日常、无意识作为前提的价值相距甚远。以往的学院派民俗学所习以为常的对民俗事象的收集行为、解释和记述等，对非学院派的人们来说，并不具有特别的意义和重要性。

还有，从上述的讲述中可以知道，"调查"这一行为本身是行为者的目的。因此，通过"调查"这一行为，发现"近邻"和"地域"的他者以及他们一直保持的"文化"和"历史"，进而，又通过这样的行为，自反性地发现新的人际关系的创造、他者理解（"邻人"的发现）以及在地域社会中的"自己"，这被理解为是具有目的性的。新规迁移来的居民通过对原住者进行"调查"这一实践，其意义不在于探究民俗事象其本身，而是要加深对原住者的理解，也包含精神层面的部分，并强化两者间的相互关系。如果说这些活动是"新野之学问"中的其中一个方面也不为过。在思考"新野之学问"之际，我们需要理解的是，学院派以外的人们抱有自己进行调查、学习并且活用（使之客体化）的独特的目的，并且，他们保持着为了实现自己的目的所应有的高水平的能力。

在宍冢的自然与历史之会正在实施的自然农法的"稻田塾"中，他们把"传统文化"客体化，并在自己的环境保护活动中加以活用。但这些活动不仅仅是考虑到自然生态系统而作出的技术性对应。在2011年度举行了送田神、赏月、装饰年糕等与水稻相关的传统活动[1]，目的是让"稻田塾"成为大人和小孩都能乐在其中的地方。(《五斗莳通信》256号、2011年3月号) 由此，重新审视水稻作为文化的存在状态，这是在地域文化中再语境化的一种行为。并且，通过稻米消费者的预购制度，"即使不能直接体验宾冢的稻米生产过程，也希望间接地表示支援"(《五斗莳通信》259号、2011年6月号)"，这也是面向外部的更多的市民再定位、再语境化的一种文化。另外，在"稻田塾"中，他们在接受当地人指教的基础上，坚持栽培作为民俗学"生业"研究对象的"本地大豆(田埂的大豆栽培)[2]"。其目的具有如下的定位：

> 在"物"中内含有意义，凝缩着文化。我们为了保护适应于宾冢环境的、与生业智慧一起被继承下来的物种，正在种植本地大豆。话虽如此，但我们并不认为能够成为其主体。native的东西被native的人们守护，是本来的姿态。现在，种植本地大豆的人在当地越来越少了，我们希望成为当地人之间的桥梁，把应该继承下来的东西传下去。(《五斗莳通信》259号、2011年6月号)

---

[1] 译注：这里的送田神、赏月、装饰年糕，日语原文为さなぶり(祝贺插秧结束)、お月見·ならせもち。
[2] 译注："本地大豆"原文为"タノクロマメ"。

作为外来人的新居民认识到了与传统的继承者具有不同的立场，本地大豆的栽培是因此而展开的具有民俗的计划性的、意识性的继承活动。这既是新居民积极地介入当地内部，进行文化表象行为的同时，也是与所表象的对象的协作行动。因此，栽培本地大豆的活动与把文化的变化视为消失，试图通过对正在消失的文化进行单纯地记录，与以"抢救"为目的的粗笨的打捞民俗学不同，不仅仅是对过去的"生业"民俗进行记录、保护和继承。本地大豆栽培作为活在当下的或者一直活着的民俗，在现代社会被重新定位的新的价值中，正在自觉的被传承下去。

从这些活动事例来看，可以感觉到在现代社会中学院派以外的人员实施的民俗的客体化或实践行为，已经超越了以往的学院派民俗学或公共机构民俗学，因为以往的学院派民俗学或公共机构民俗学，总是没完没了地在民俗中寻求本源性的价值。具有显著的与实际社会联系的特征，自由地对民俗进行调查、学习和记录、以及为了应用的知性的技法与目的，等等，都正在学院派以外的人员中孕育成形。但是，已经没有必要再称它为民俗学了，它已经成为跨领域性的一种方法、知识生产和社会实践。

与宍冢的自然和历史之会的活动相类似，扎根于地域社会，提倡"人们的、基于人们的、为了人们"的知识生产和社会实践的活动，现在已经举不胜举。在今天，在日本各地随处可见的地域居民或市民主体的环境运动、地域文化运动、还有对其进行活用的地域活性化运动、还有在灾区产生的各种复兴运动等，说它盛况空前也并不言过其实。这些居民主体、地域主体的运动体，他们也在对自己生活的世界进行重新审视，在自我学习、自我实践这一点上，可以认为与"新野之学问"具有连续性。今天，我们正生活在"新野之学问"的时代。

以前的"野之学问"的存在方式，或许现在正在走向衰落。不过，从另一方面来看，可以说"新野之学问"在今天正在绚丽绽放。这是因为教育和信息技术的发达促使专业知识的普遍化和大众化得以进展，学院派以外的地方的人员素质不断提高，而这些只有在公共部门进行推广、支援、启发的现代社会中，才有可能被需求并且得以实现。从这一点来说，比之在学术史上对作为近代的"野之学问"的民俗学进行重新评价，可以说更具有生产性意义的是，要把握住在我们眼前正在萌芽的"新野之学问"之现状的当下。

但是，我们绝不能把这种状态乐观地视为"'野之学问'的复权"或"新民俗学的再创造"而满怀喜悦。在几种类型的"新野之学问"生成的背景中，现代的状况横跨在我们面前，它与曾经产生"野之学问"的近代的状况是完全不同的。例如，环境破坏和地域格差、居民的老龄化以及经济文化的全球化这些切实的现状，还有与国际政治相关的环境思想和多文化主义、市民主体的公共性论等这些现代的思潮，正是在这些现状和思潮中，现在的"新野之学问"正在孕育之中。

2.对应于"新野之学问"的研究者

"新野之学问"时代中的研究者

"新野之学问"时代与"知识的民主化控制"的时代同出一辙。同时也成为吉本斯模式2知识生产模式的一部分的支撑。在作为模式2特征的异质的、多样的相关者中，"野"的人们较研究者、专家及公共部门有过之无不及，具有重要的作用和当事者性质。这仍然是不依存于特定学科的跨学科的知识生产。那么，在这样的跨学科的知识生产中，仍受制于专业领域的职业的、专业的研究者，他们能发挥怎样的作用呢？

我们可以看到事例，已经有各个领域的专家、研究者或与"新野之学问"协作，或作为一名相关者参与其中。而且，在这些事例中也有很多公共部门密切相关的情况。"新野之学问"其本身业已扩大，正在向席卷学院派以及"公共"的知识生产运动推进。在这样的跨立场性跨学科的知识生产中，学院派研究者通过提供在各自学科领域中培育成的技能和情报发挥了一定的作用。正如吉本斯所指出的那样，"通过在行动的框架中统合不同技能，决定潜在的解"。（ギボンズ，1997：26）

不过，学院派研究者利用自己的专业知识和技能而发挥的作用，应是不言而喻的。实际上，在此之前，首先需要把学院派研究的框架改变为能够与"新野之学问"相对应的形式。也就是说现在最紧迫的课题是，培养对"新野之学问"的理解，促使自己的学院派研究框架适应与"野"的人们协作的知识生产和社会实践。像这样变革学院派研究框架本身的运动，比起探讨文化问题的人，更多的是源自探讨自然环境问题的人，是他们率先发起并推进的。作为其典型代表的，是生态学者佐藤哲等人的尝试。（佐藤哲，2009）

　　佐藤在谋求解决严重影响人类社会的环境问题时，强调了既是这些问题的受害者又是潜在的加害者的地域居民自己成为主体，在地域层面上进行决策的重要性。只是，地域中的stakeholder（当事者、利益相关者）是多样性的，有时候利害关系会尖锐对立。这样的多样性的当事者为了使各方就地域环境和地域社会的发展方式达成合意，就必须在有说服力的、高质量的科学基础上把握现状和预测未来，并理解问题的根本原因以及选择决策方案。此外，在考虑居民主体的环境保全的时候，要尊重地域居民生产并传承下来的"土著的知识（IK: indigenous knowledge）""地方知识（LK: local knowledge）""传统的生态知识（TEK: indigenous ecological knowledge）"，这些知识不仅是与自然科学，还要倡导对社会科学、人文科学等进行总动员的学科领域融合，呼吁统合这些专业性知识的必要性，并将直接关系到问题解决的领域融合性的知识基础命名为"地域环境知"[1]。

　　佐藤对以往的观念提出了异议，即知识生产由学院派专家承

---

[1] 综合地球环境学研究所，http://www.chikyu.ac.jp/rihn/project/E-05.html。阅览日：2012年1月2日。

担，由此而产出的科学知识单向提供给活用它的非专业的地域居民——地域的用户。而且，为了克服这种知识生产的偏颇性、知识传播的单向性，他主张"地域常驻型研究者"的重要性。

"地域常驻型研究者"的尝试

所谓"地域常驻型研究者"是指"在地域社会中定居的科学家、研究者，同时也是地域社会的利益相关者的一员，从他们的立场出发开展符合地域实情的领域融合，由此推进问题解决型研究"[1]的研究者。在以往的研究中，主要由作为外来者到访这个地域，并作为第三者参与地域问题的"访问型研究者"来承担。他们虽然在生产、提供有益于地域的知识上发挥了重要的作用，但归根结底是第三者、是评论家，并且很难成为共享地域社会未来的利益相关者的一员。相反，地域常驻型研究者能够"在作为地域社会的一员生活的同时，立足于长期的研究视野进行研究"，是一个"作为与地域的课题相关领域的专家，在积极地促进科学知识的本土化知识体系的同时，作为利益相关者的一员共同承担对地域社会未来的责任，作为生活者体现对地域环境的自豪感和眷恋以及地域社会传承下来的本土知识体系，作为地域社会的成员持续参与决策的研究者"。（佐藤哲，2009：219）可以说，地域常驻型研究者是一种通过深入到地域的内部，既可以从地域的人们那

---

[1] 综合地球环境学研究所，http://www.chikyu.ac.jp/rihn/project/E-05.html。阅览日：2012年1月2日。

里获取介入地域的正当性，又可以和地域的人们共同实现知识生产这一协作的研究者形象。

当然，这里所说的地域常驻型研究者，在这之前以文化人类学为主的其他诸多领域中也随处可见。不过，佐藤所提倡的特征在于，将其作为更普遍化的"方法"进行明确提示，而非是依赖于研究者个人动机的个别行为。佐藤在2010年设立了"地域环境学网络"，将日本各地多样的地域常驻型研究者、与其密切协作的访问型研究者、利益相关者等聚集在一起，而且，肩负地域社会可持续性发展的利益相关者和科学家一起创造了对地域问题的解决必要的多样性知识，并共同整理了为了利用这些知识作为指南和提示的"地域与科学家协作的指导方针"[1]。又进一步收集、分析了世界各地的地域常驻型研究等的多种事例，启动了探求"地域环境知"形成结构及其对此进行利用的适应性治理现状的项目[2]。

佐藤阐述的适应性治理这一思考方式，是以适应性管理（adaptive management）这一体系的运用方法为前提。所谓适应性管理是对资源管理、特别是将来的状况变化不确定的资源的管理，是在佐藤作为专业的生态学方面也一直适用的方法。例如，如果我们以野生动物管理来考虑的话就很容易理解。现在，在日本山间地带有熊或猴子等野生动物进入人类的生活领域，引发了兽害

---

［1］地球环境学主页，http://Isnes.org/guideline/index.html。阅览日：2012年1月2日。
［2］综合地球环境学研究所地球地域学领域项目《基于地域环境知识形成的新公共资源的创生和可持续性管理》。

这一社会问题，对此，实施了以驱除为方法的个体数量管理。但是，要严密地计算出驱除多少头才合适的正确的实际数据，以现在的科学技术来说还相当困难。在处理这种带有不确定性的对象的时候，适应性管理是有效的，为了应对诸如保护野生动物和维持人类生活这两种截然相反的困难局面，适应性管理作为灵活的管理方法被模型化。

这个适应性管理大致可以分为以下三个重要的阶段。首先，第一个阶段是"目标设定"。它是决定对象物管理的目的（保护和资源分配以及开发的程度等）和数量目标的阶段。其目的和目标在某一行动进行的前一阶段，有必要向涉及资源的利益相关者明示，并且必须在他们的共同理解下达成合意。这里的利益相关者不仅仅是政策的制定者，当然也包括受到这个对象物影响的、或者保持这个对象物的当地居民。其次，第二个阶段是"监控"阶段。在管理某一对象物以及实施该政策的时候，有必要在进行过程中逐步观察其是否符合第一阶段设定的目标和目标。如果偏离了目标的话，就说明其手法和实施的状态存在问题，包括其方法本身必须尽快进行重新评估和改善。进一步的，其监控的结果有必要对所有的利益相关者确保透明度，作为公开的、共享的情报来处理。通过改善方法这种形式，修正其对象物管理流程的结构既是第三阶段的"反馈"。这种适应性管理的方法，目前在自然保护、资源管理、环境保全等领域正逐渐成为主流。

在前文中介绍过的把市民调查概念化的研究者宫内泰介，近几年以来，以美国政治学者 Ronald Brunner 等学者的讨论（Brunner et al.eds., 2005）为基础，将主要偏向于对象物的自然科学知识管理的这个适应性管理，扩大为包含社会科学知识以及社会结构在内的治理——适应性治理，以实现方向性的转换。宫内将适应性治理定义为："为了环境保全和自然资源管理的目的，形成了相对应的社会性结构、制度和价值，根据不同的地域、不同的时代使之适应性地改变，同时进行反复摸索的协作的治理方式。"（宫内，2013：25—26）这是将前面提到过的多样的相关者协作治理的这种适应性的运作方式，不仅仅是限定于自然科学知识中的认识，在这样涵盖社会性的要素这一点上，使之具有了在多方面的应用可能性，并提高了多样的相关者参与的实效性，是一种应该得到关注的英略。

生态学者佐藤主张的"地域环境知"也包含了这样的社会科学知识，虽然在这一点上是有其特点的，不过，他主张的适应性也与吉本斯所说的reflexivity——自反性是相通的。不仅要回顾他者的行为，也要回顾自己的行为，将其整体的内省回归至行为的立足点，并把它作为下次行动的起始点，在此，反映了这样的循环性的知识生产和社会实践的方法，对于这一点我们是不能忽视的。

佐藤在充分消化作为知识生产模式论的吉本斯模式2的基础上（事实上佐藤引用了吉本斯），进一步的试图将其应用于适合的知识生产现场。这并不是把吉本斯提出的现代性的知识生产的潮流作为纸上空谈，其目的是使之具体地体现于实际现场中，也是将学院派的研究框架与社会相契合，从根本上进行考量的雄心勃勃的尝试。

佐藤提出的地域常驻型研究者这类人群，似乎只因为"定居的（residential）"这一物理条件而备受关注，但却不能将这个词语理解为"长期在地域中居住"这样单纯的意思。因为，它是作为一种"方法"内含有如下的意思，即"研究者作为当事者的正当性得到地域的人们的承认，并掌握地域的人们的想法和价值，对地域的问题不是作为他者而是作为自己的问题进行认识"。应该把这种"方法"理解为，是学院派研究者在应对今后的"新野之学问"的时候，所表现的可以进行选择的一种方法。这并非说必须要定居于地域社会中。当然，毫无疑问，定居的人对于这种方法的展开具有优势。但是，即便不是定居者，作为当事者的正当性多少得到地域的人们的认可，并且掌握他们的想法和价值观，进而，如果持续拥有把地域的问题不是作为他者而是作为自己的问题来认识的感觉的话，那么，就足可以说他是一名地域常驻型研究者了。重点在于这种研究者的姿态和参与方式的转换，对此，我们必须要引起注意。就好像在过去的民俗学中，"乡土"不仅仅是代表地理的空间也是方法其本身那样，也有必要把"地域常住"解读为是一种构成地域的人们和知识的方法。

克服地域常驻型研究的困难

但是，在这种地域常住型研究者的理想的状态中，可以预想到会伴随着一些困难。比如说学院派常年维持下来的价值观是不容易被颠覆的。这个价值观，就是吉本斯提出的作为第 5 特征的"质量控制"——研究者工作评价标准的方式的问题。正如已经指出的那样，在传统的模式1的知识生产中，以期刊共同体为基础实行同行评议，对每一位研究者进行评价。研究者为了在学术世界中生存下去，就需要遵循该共同体的质量控制体系。

但是，地域常住型研究者实行的有助于地域的应用性知识生产和社会实践，在传统的质量控制的尺度上并没有获得足够高的评价。可以说在热衷于追求纯理论的学院派中，有种看不起在现场的浅近活动的倾向。再者，地域常住型研究者具有涉及地域整体的复杂的各类问题的必要性，在这种情况下，因为研究者自身所掌握的狭窄的专业领域已经无法涵盖，所以有时候必须参与到向更广泛的领域扩展的知识生产和社会实践中。因此，比起特定领域的专家型学者，地域常住型研究者有时候更需要作为跨学科领域的通才型学者展开知识生产和社会实践。这种通才型的知性的存在，在被细分化的学院派中也具有不被高度评价的可能性。若照实说，如果不遵循既存的学院派的评价标准，就会面临"不能找到研究职位"或者"不能升职"等作为职业的学术界限。为此，学院派研究者在成为常住型研究者这件事情上，总是踌躇不前。

近几年，随着在各地创设了探索地域常住型的研究机关，也产生了把这样的活动作为本来目的进行质量控制的视角。尽管如此，但对于大学等老式的学院派机关所属的研究者来说，地域常住型仍然是一种非常难以处理的方法。换言之，佐藤的尝试并非仅仅局限于研究方法的改变，而是以改变学院派整体所具有的价值观和评价标准为目标。

佐藤的尝试并非只是限于环境和自然保护的层面，还有可能扩展到包括文化在内的整体的知识生产和社会实践。所以，在这一点上，应该把佐藤限定性地提出的"地域环境知"这个领域融合性的知识基础，理解为更为广泛的作为与"地域文化知"相融合的"地域知"。这也是横跨越多学科领域的学院派在向社会开放的同时，试图改变自己的姿态的一种尝试。在这里，挑战性地提示了学院派在"新野之学问"时代和"学术的民主控制"时代中，应该进行"转舵"的一种方向性。

这种方向性所指向的是，与现在的学院派研究者中的大多数不同的新的研究者形象与立场性，即：深入到相关地域潜心钻研，通过与"野"的人们之间的关系，具备一定程度的当事者性，即共享"野"的思考方法和价值观，又在"野"的人们的生活中发挥自己的专业知识。置身于"野"这样的情况之下，学院派研究者作为协作性知识生产参与者的one of them，和"野"的人们以协作的方式生产知识并运作社会实践。可以说，这恰恰体现了"新野之学问"和学院派之关系的存在状态。

不过，必须要引起注意的是，这个当事者性毕竟是有局限性的，而且，正如在第1部所阐述的那样，和"野"的人们的关系只不过是"渐近线的接近"。无论怎样地去接近人群，或者向人群移入自我，也不可能和这些人完全同一化。只有首先在对这一点自知的基础上，通过不懈地努力接近，才能更加深入地理解人们所具有的想法和价值观。

3.今后的学术挑战——与"新野之学问"的关系

新的知识生产和社会实践的理想状态

　　到现在为止围绕着一直屡屡被评论的知识生产和社会实践的探讨与尝试（民间学，作为"野之学问"的民俗学、科学技术社会论、"学术的公共性"、美国的公共民俗学、模式论、"新野之学问"、地域常驻型研究者等），如果其发生的时代不同，那么其发生的场所（学术领域和言论空间）也将大不相同。但是，在这些多样性的学术运动中，即便不是全部，我们从中也能够窥视到某种程度共通的、或者相类似的方向性。如果概括其本质，可以大致整理成以下六点：

　　　　一是应用性、实践性的。以在社会中"起作用"为目标，并在社会中接受评价。

　　　　二是跨学科性的。不封闭于学院派世界的特定的狭隘的学科中，使用多样性的睿智和技能、经验。

　　　　三是跨立场的、跨属性的。从学院派到公共部门，甚至包括普通的生活者等的"学院派之外"的人们在内的多样性、异质性的相关者参与。

　　　　四是协作的。多样的、异质的相关者以"治理"的形式，结成平面关系并互相协作。

　　　　五是实体性的现场主义。在地域的日常生活中发现等身大的人类的问题，根据现场情况选择方法，归纳性地进行理解。

六是自反性、顺应性的。在过程中回顾包括他者和自己在内的知识生产或者社会实践，进行内省和修正，以此与之后的知识生产和实践相连接。

毫无疑问，这些新知识运动其本质已经超越了过去的传统性学院派研究者的知识活动。但是，必须引起注意的一点是，这并不意味着具有这种特质的知识运动由此就应该替换传统的学院派的知识活动。即使是之前介绍的吉本斯的模式论，作为新的知识生产方式的模式2是从传统的模式1派生出来的，但并没有被认为模式2可以取代模式1。这是因为深刻地认识到了在支配过去的知识生产的世界之外，新的知识生产的世界正在扩大、扩散这一现实的状况，但并不否定模式1的知识生产方式的存在本身。

在这里重要的是，在知识生产方式的扩大、扩散的状况中，学院派的社会要对此肯定并接受这种现状，承认它的重要性，自己将所保存的偏狭而又封闭性的、垄断性的知识生产向社会开放，在多样性的知识生产方式中确立积极发现其价值的学术方向性。知识生产和社会实践的职业性的承担者即便是宅在学院派的世界里，其工作照样可以运作，但必须要去关注在他们的世界之外，存在着一片尚未被开拓的新的知识生产和社会实践的广阔沃土。为此，对研究者多样性的自我形象和多样性的研究方式进行探索的行动，将变得越来越重要。

今后，众多的学科都将有可能应对这样的新的学问时代，并且，正如已经介绍过的那样，现在，很多的尝试正在展开。这些正在尝试的活动以在社会中"起作用"为目标，在社会中接受评价，不把自己封闭于学院派世界这一特定的狭窄的学科之中，试图统合多样性的睿智、技能和经验。而且，涉及从学院派到公共部门、甚至普通的生活者等"学院派之外"的多样的、异质的相关者，他们正在以"治理"这种形式，探索平面地互相结合以及互相协作。并试图在地域的日常生活中发现等身大的人类的问题，根据现场情况选择方法，进行归纳性地理解，进而在知识生产和社会实践的过程中回顾包括他者和自己在内的行为，进行内省和修正，以实现与之后的知识生产和社会实践相连接。至少以这样的理念和理想为幌子正在向世人宣称，这一点是毫无疑问的。

但是，对于这样的理想性的、理念性的新的知识生产和社会实践的状态来说，其理想性已经成为即成品，现在，作为"理所当然"的东西似乎存在于现实的场景中。而且，这样的理念、理想变得教条化、形式化，或者披上这种理念、理想的外衣，但实际上却背道而驰，事实上这种现实问题已经逐渐暴露。如果回看一下我在开头部分所述的东日本大地震中的东北的现状，还有我自己所体验过的新潟中越地震后的东山的状况，就应该很清楚了。现在，所到之处现成的新的知识生产和社会实践正在被大量生产。在这种状态下，新的学术世界中本应具有的精神，将面临被剥夺的境地。

怀疑新知识生产和社会实践的"理所当然"

我翘首企盼今后的新的知识生产和社会实践的运动，能够得到进一步地发展。让这个运动得以发展，我认为是今天有志于做学问的人的一种使命。并且我自己也希望继续置身于这样的运动之中。但从另一方面来说，对于现在的这个运动，我丝毫没有打算从最初开始进行短视地、无批判地、天真地大加赞赏。唯独这一点，必须在这里事先说明。

在现实的场景中，要使这个新运动本应具备的上述六个本质内在化，真正地得以具体地体现，并不是那么容易的一件事情。因为各类相关者的活生生的欲望和利害关系的相互牵扯，这些本质时而被稀释又时而被脱胎换骨，有时候还会被伪装起来。面对如此危险的状态，那些提倡新的知识生产和社会实践的人们不应该麻木不仁。所以，要预先意识到各种危险性，必须对与自己相关的知识生产和社会实践的过程倍加关注。

在以新的知识生产和社会实践为目标的时候，可以预想到以下的一些问题：必须克服的或者必须回避的困难，还有必须引起怀疑的"理所当然"[1]。

---

[1] 这个表达是受到社会学者好井裕明著书（好井，2006）的启发。好井依照的俗民方法论这种方法被认为不仅仅对于分析社会这种知识生产有效，对在社会实践中开展的行为进行自反性地重新理解，并在顺应性地修正这种"应用"方面更进一步发挥了有效性。

第一个困难

这是一个价值判断的问题。新的知识生产和社会实践的运动致力于在社会上"起作用",但这种看起来善意的"理所当然"的行为,在其展开的各种不同的土地上,未必经常表现为是"善"的。在有多样的地域居民或多样的参与者存在的情况下,要集中构成一种善行,并非是那么容易的。而且,就连地域居民或者是市民虽说是"理所当然",但也未必都是善意的。在多样的参与者之间,有时候价值会变得此消彼长,在多样的善、多样的"主张"当中,有时候会陷入价值选择的两难困境。在这样的时候,参与到单纯性善意的决策及其实施当中,并非是今后的研究者的任务。此外,对于外部人员所持有的独断专行,也应该引起注意。现在,在社会上存在着一般观念化的"善"。有时候会在不加批判的情况下被接受,并且规范化,从而导致对那些不轻易顺从这种"善"的人们进行排斥的结果。

第二个困难

这是在新的尝试过程中的"手法"的问题。在新的知识生产和社会实践中,我们有必要再次进行慎重地探究,是否真正尊重被称为地域居民和市民的这些作为确定主体的相关者,是否在这个运动体中正在展开互相协作。如果以"新野之学问"来说的话,咋一看是在"野"展开的运动,但其实也是被研究者、公共部门或者是遵从他们的(说得不好听是爪牙)一部分NPO和市民所利用,

具有披着"野"的外衣的危险性。像这样的"野"的伪装，如在
"讲座""教育""研究会""研讨会""工作坊""论坛"等这些传播
媒介中所进行的那样，往往被冠以"市民参与"这种极其温情的形
容词。

如今，这些活动在全国各地围绕着环境保全和文化保护、地
域振兴、灾害复兴等，都在"理所当然"地到处举行。当然，在新
的知识生产和社会实践的过程中，这些无疑都是有效的工具。然
而，它们有时候会在无意识之间，作为潜移默化的同化系统，对
人们行使"教化""德化"以及"启发"。

多年来从事大量工作坊的企划、运营的中野民夫，尽管对作
为新的学习场所的工作坊之有效性表示赞赏，但也清醒地认清了
其局限性。有时候在工作坊中，存在着超越主办方意图的、陷入
不必要依存关系的危险性。此外，据说有时候还具有成为"洗脑"
手段的危险性。中野如下所述，以唤起人们的注意："在团队体验
中，促使人的意识发生转变这一点，与工作坊和宗教性的自我启
发研究会等确实具有相似之处。所有涉及心灵和意识的事物都容
易被认为是危险的，虽然这样的认识倾向也是有问题的，但企划、
主办工作坊的一方以及参加的一方，都有必要意识到这其中的某
种极端性，并清楚地认识到两者间的不同之处。"（中野，2001：
170）甚至连对于工作坊拥有很多的见地，并对其可能性进行探究
的论者（正因为如此），都能够如此沉着冷静地提出这些问题，我
们有必要严肃对待。过去曾经以激烈的、暴力的、居高临下的方
式强加的外部的知识、价值和规范，而今则变成是悄然地、冷静

地、柔和地、平和地渗透于人群之间，对此，我们不能置之不理。

另外，我们也应该注意到，公共部门的表彰制度促进了这种外部价值和规范的悄然地"渗透"，把市民和NPO的活动作为"卓越功绩"以"某某奖"（现在，不胜枚举）给予赞誉。从表面来看，这是令人高兴带来自豪感的权威的表彰制度，但如果回顾一下第二次世界大战前的日本的状况，它作为灌输特定的价值、规范和思想的传播体系而发挥作用是显而易见的。不，就是在今天，在世界范围内的公共部门带着各种各样的目的和期望，也正在悄无声息地行使着这种手法。在令人天真地为之高兴的体系背后，究竟包含着怎样的意图呢，我们应该切实地追究到底。

第三个困难

这是在新的尝试中具有被隐藏起来的霸权的问题。新的知识生产和社会实践应该具备的多样的相关者的平等性和协作性、民主性，绝非是"理所当然"的。对这些性质进行讴歌的活动，实际上有时候会将霸权的存在隐藏起来。"地域居民主体""市民主体""市民参与"等这些似乎最合乎协作情理的口号，应该来自对行政、学者等高层的教导、或者被称为控制的传统政府型管理的反省。而其实，在装饰平等性、协作性、民主性这些治理的外表的同时，也出现了各类运动和知识在实质上被学院派和政治所收编、所利用的严重状况。如果以"新野之学问"来说的话，就是存在于"野之学问"中的"野"性被悄然地剥夺了。

记者齐藤贵男披露了公共部门为了实施各种各样的政策，将

"市民"卷入其中，并对"民意"进行伪装、筹划、操作的详细状况。其中还指出了市民运动所产生的不良影响：以某一地域的市民和NPO为主的运动，得到了国土交通省等公共部门的高度评价、赞美和表彰，在接受了该部门的支持后，其运动席卷全国，在被公共部门的政策牵制过程中，反而受到了来自其他地域的市民的批判。（斋藤，2011：110—131）当初，作为草根运动兴起的新的知识生产、社会实践的行为，由于受到了公共部门的赞扬，其社会地位不断提高。但在另一方面，不知从何时起，"草根"性——"野"性被公共部门为了顺利推行其政策而利用，将它转换为"民意"这种标签，变成了过去的政府型政策的走卒。在这些现象的背后，一部分NPO的现实摆在眼前：他们化为行政的转包方，努力于假冒公益的商业活动。

现在，被先入为主地认为代表市民性的NGO和NPO等不断壮大，各类相关者的协作性和治理的重要性正在被极力呼吁并得到尊重，正因为在此时，我们必须认清源自政治和学问的那些表面的"野"的伪装以及被隐藏起来的同化体系、还有被隐藏起来的霸权。如前所述那样，在各种各样实践的场合中，有可能潜藏着表面看不见的、或者即便看见也摸不到的结构性的力量与非对称相关者之间的关系。

在这样的时候，我们有必要去怀疑在现代社会中作为主体不受怀疑的"市民"所展开的行为、甚至去怀疑"市民"这种存在的"理所当然"的优越性。对市民调查这种实践给予积极评价的宫内泰介，尽管展现了其有效性，但也指出了为了使其更加有效而必须钻研的三个课题。据此，市民调查中确保"客观性"作为第一个问题引人关注。市民调查，不应该是遵循市民和NPO方主张的"御用学问"。尽管如此，要求调查的客观性是理所当然的。即便是违背我们自己主张的内容，也必须进行客观地提示。但是对于这种所谓的客观性来说，既然世间本身就以多元的客观性构成，那么要为此追究是相当困难的。为了克服这种困难，并具备"广泛的实践性的说服力"，就需要"不使用固定的方法论，而是反复摸索各种各样的方法论，为了使其更具有说服力，必须经过持续不断的过程"。（宫内，2003:571—572）

其次，宫内指出的第二个问题是市民调查中"迷你专家化"的危险性。（宫内，2003:572）通过访谈调查收集客观性的数据并读懂资料，这件事情其本身是非常有意思的，但有时候也会成为"为了调查的调查"。宫内认为不应该否定这种知识生产带来的乐趣和兴致。的确，"享受"知识生产过程的这种行事方式应该受到尊重，而将其纳入新知识生产和社会实践的目的之一，反而有可能对学界提起新见识而引起反响。像"作为乐趣的学问""作为兴趣的学问"这样的特性的赋予，实际上在学术圈也是常见的，绝不能一笑置之。但即便如此，在新的知识生产和社会实践中自我目的化的调查具有如何的价值，这经常会在其参与者之间或者不同的相关者之间被品头论足，唯有对此，我们必须先有充分地认识。

最后，作为第三个问题，必须考虑"调查方——被调查方的问题"。（宫内，2003:572）这通常是在学院派研究者所进行的调查中，经常会被意识到的问题。在文化人类学中，从20世纪80年代开始，关于他者和异文化的表象并将其客体化的权力性、政治性、虚构性，从Writing Culture论（Clifford/Marcus eds.1986等）的领域展开了表象论的自我批评。在"写文化"这个实践行为的背后，书写的一方和被书写的一方存在的立场以及保持力量的不均衡性、非对称性这种状况，正好又反过来影响"调查方——被调查方的问题"。即使是市民也不能回避这个问题。在市民这种存在格外受尊重的现代性知识生产的反面，毫无疑问也具有发生同样问题的可能性。

而且，我们需要注意的是，市民这种存在其本身也未必能作为明确的相关者来理解。到此为止，我对"市民"这个词语不加斟酌就这样一直使用着。但是，这样的表述具有产生先验的特权性相关者的危险性，甚至具有公共部门或学院派研究者对这种特权性进行利用的危险性，由此来说，就必须对这个词语的存在本身进行一番仔细的推敲。

比如，长期居住在某个地域的人们（表述为地域住民或地元民、旧住民）[1]的特征是，其主体的认识和行动被该地域的过去所束缚。他们并不把"现在"只是理解为"现在"，而是把"现在"理解为和"过去"相连的"现在"。并且，他们并不仅仅是以现代的价值观和逻辑生活着，还受到无法舍弃的过去的价值观和逻辑的影响，而且在生活中受限的程度还不小。

---

[1]译注：这里的"地域住民""地元民""旧住民"为日文汉字的简体，中文表达可以为"地域居民""当地人""老居民"。

然而，市民在理念上被认为是这样的一种群体：在社会上他们对自己是主权者具有自觉的意识，并自律地、自立地、能动地、自发地、独立地参与公共性的形成。如果假定存在着这种理念性的纯粹市民，就其行动或者思考原理而言，那么，市民就被视为是从过去的束缚中解放了的自由的存在（现实中这样的人很少吧）。在这种情况下，当同一地域内以上这两者一起展开活动的时候，在价值观或逻辑上有时候会产生很大的偏差。想要保护移居城市的自然的新市民和感觉居住城市的自然属于自己的老居民这两者之间的矛盾等问题，正是其典型的例子。

外部价值有的时候会对微观社会起到压迫性而又权威性的作用。在这种时候，在"市民"的名义下实施的"暴力"，也是可以预料到的。另一方面，在地域上历史累积的共同体的价值中，也有可能发现给社会带来危害的歧视、事大主义、利己主义之类的陋习。在新的知识生产和社会实践中，虽然最应该将重点放在生活在地域的人们所拥有的正当性上，但即便如此，他们的主张也未必能够总是得到认可。这与公共性的价值或者市民的优越性不能作为当然之物是一样的道理，生活在地域的人们其优越性也不是理所当然的。在新的知识生产和社会实践中，怀疑这种在现在被认为"理所当然"的价值或结构其本身，也是一件非常重要的事情。

第四个困难

这是新的知识生产和社会实践的目的的问题。不仅仅限于新的知识生产和社会实践，以实践为志向的积极向前的运动体，也时而定型化或者规范化、指南化、通用化、手段化，甚至有时候将这种方法的应用本身作为目的。实践就变得"理所当然化"了。并且，在其背后，参加新的知识生产和社会实践的各学科学院派的用意若隐若现。实践领先的学科也存在着这种情况：打着以有助于地域居民幸福为实践目标的幌子，而实际上作为自己研究活动的实验台对地域及其居民进行消费。另外，虽然其活动原本是为了"野"的知识，但也有手段性地被为了学术世界内部知识的专业学问或政策学问收编的情况。而且，有时候甚至还存在化为御用学问的危险性。这正是手段变成目的的"大写的学问"之危险所在。

为了不沦陷于学院主义的诡计中，或者为了与其对峙，我试图将今后的新的知识生产和社会实践的其中之一，作为在没有终点的相关联的前提下，不定型化、不规范化、不指南化、不通用化、不手段化，并且不先验的以该行为本身为目的的营生而进行定位。深入到个别的地域和群体以及他们培育的文化，通过与他们进行对话，汲取并协作构筑内在化的社会价值、经济价值、精神价值等，可以说这是新的知识生产和社会实践的一个使命。就是通过深入地域并潜心钻研，从面对面的人群之中提炼出至今被即成品的知识置之不理的或者无视的、并且连当地人也没有注意到的无形的（intangible）、不可数的（Uncountable）、无可替代的（Irreplaceable）价值，以提供给社会内外。

第五个困难

在这里，试图对新的知识生产和社会实践中可能发生的第五个困难进行思考。这是将现有的学院派的观点和实践现场的观点相协调的困难。在致力于新的知识生产和社会实践的地域中，当地的各种各样的现象正在被客观化。其中，一直以来的地域的语境被自由奔放的改编、诠释、变形以及价值赋予，与原来的语境相距甚远。当这种行为是出于政治性考虑的时候，对于应该提出批评的问题所在的理解以及对应，就不是那么困难了。在此，就不是从"事实性"，而是可以从"政治性"展开批评。

这种客体化的主体是外部相关者，并且客观化所带来的利益由外部相关者享受，但是，与这种容易理解的情况不同，在新的知识生产和社会实践中，地域的人们为了自己对地域的事象在内部展开客体化，享受通过大幅度的改编、变形以及价值赋予带来的利益。在这一过程中，有时候会导致与学院派学问构筑起来的以"事实性"为基础的实证性观点相分歧的情况。要应对这样的非"理所当然"的状况，对于习惯于以往的学院派研究的人来说并非易事。这就是所谓的对"事实性（始终是打引号的）"的歪曲妥当与否的问题。

例如，"里山"这种表述以及赋予它过度价值的问题。"里山"是在最近数十年以来的环境保全运动的变革中生成的概念，但现在作为相当正规的实体来理解，甚至被一部分保全生态学者以及和他们协作的公共部门等，草率地极力宣扬为如同"日本"的传统环境保全的机制或思想那样，作为"理所当然"的存在已经渗透于地域社会的知识生产和社会实践之中。譬如，像这样浅显易懂的言说就与此相关："里山，是在各自地域的特有的自然中，我们的祖先为了生活和生产活动通过适度的行动而整备好的，持续下来的多样性的环境构成的马赛克状[1]的系统。"（鹫谷，2001：17）并且，在2010年召开的生物多样性条约第10次缔约国会议（COP10）上，由环境省提议发起了"里山倡议（Satoyama Initiatives）"，这种政治性的活动也和对里山赋予过度价值的行为同出一辙。

　　正如里山肯定论者所指出的那样，作为被概括为里山的生活资源的山林，确实有不少被持续利用的例子。但是，现实中的里山其存在状态是多种多样的。如果查阅一下实证性的历史学或地理学的研究还有commons论[2]的话，很明显这种短浅的功能性的理解、或者与"美丽的里山"形象相关的过度价值赋予未必是合理的。根据这种总括性的里山观，将导致多样性的地域的存在状态，"以作为'美丽的日本原风景'的'SATOYAMA'[3]这种单一的概念被概括起来"的后果，对此，已有学者表示令人担忧。（濑户口，2009：166）在此，就不用说"政治性"了，也可以从"事实性"的方面展开批评。

　　然而，近几年以来，这种被建构起来的里山故事已经渗透到地域居民或者市民当中，被他们在环境保全和地域活性化运动中有意识地、战略性地、自发性地加以活用。如果从学院派研究者来看，有时候也不得不判断这是对里山历史事实的误认、或者捏

---

　　[1] 译注：这里的"马赛克状"，是指集落、农地以及它们周围的二次林、人工林、采草地、竹林、池塘等，像马赛克那样组配成"里山"。
　　[2] 译注：原文为"コモンズ論"。
　　[3] 译注：即"里山"，是"里山"的日文读音。

造、或者过度的价值建构。但对于这个问题，从站在地域居民的一方参加其活动、或者进行支援的今后的新知识生产和社会实践来说，是一个难以如此简单裁断的具有诸多烦恼的棘手课题。

根据迄今为止的学院派研究者所掌握的知识，对此进行否定去阻止以里山故事为核心顺利开展起来的运动；或者先不管学院派的知识，暂且去关注运动的进展；抑或是抛弃学院派的"良知"，参加到夸大这个里山故事的行为中。当要被迫作出任何一个选择的时候，在今后的知识生产和社会实践中，仅凭"事实性（始终由学院派假定）"的对错作为评价标准，是无法应对的。

正如已经介绍过的那样，我自己在新潟中越地震之后，曾经极力使用在平时一直被投以批判眼光的文化政策或怀旧的叙述，试图努力回应地域民众的希求。在旁观我的这种行为的时候，就像已经指出过的那样，很多学院派的研究者可能会逡巡不定，或抱有违和感甚至厌恶感。是将之视为出于感情的过度的价值建构，还是将之视为想为有共鸣的人们作出贡献的战略性拥护的方法，对此，将会出现意见的分歧。

在新的知识生产和社会实践的现场，也可以说这种感情的交织是无法绕开的。一般的，只有高唱"客观性"等"理所应当"的空话，故意回避内心变化的学院派研究者的姿态，才有可能背离地域民众的感情和希求。目前，如果要从身处其中的自身所看到的、听到的、感受到的事物当中选出方法去展开实践，应该考虑到在这种情况下要排除此类情绪方面的事情是相当困难的。

结语

共感与感应的研究者像

在新的知识生产和社会实践的过程中，其行为当然会对他者带来一定的影响，而且，就像已经被揭示的那样，这种影响将自反性地回归行为者本身。根据这种学问的自反性，作为一个研究者其自身的立场、思想以及研究的方法、目的和内容，将有可能发生很大的变化，对此，学院派研究者必须引起注意。要从最初开始就把这种可能性排除在外，那是具有偏向性的行为。研究者作为一个人，对人们（他者）的"感应"可以说是很自然的。而且，在新的知识生产和社会实践中，我们不正是需要研究者对这种感应无须抵抗，反而以自然的等身大的人的姿态出现吗？

在前文中介绍的鹿野政直认为，柳田国男和伊波普猷这些"民间学"者们是把"对对象的'同情'作为一门学问的基础"（鹿野，1983：229），而对于现在的学问来说，这种"同情"的心态以及与人们互相感应的重要意义，他是这样进行极力呼吁的：

> "同情"所表达的词义，容易被理解为是第三者对弱者、
> 劣者的怜悯，但他们（注：柳田和伊波）所使用的"同情"的
> 意思并非如此。他们使用这个词汇，意味着更为内在的心情
> 一致的sympathy，也就是作为共感、共鸣之意。从审视自己
> 的存在根源发酵的对他者的这种想象力，即，来自他们一方
> 的对他者的感应（或许也必然会引发来自他者的感应），支撑
> 了这些先辈们的学问。而现在，这一点对于学问来说正是必
> 要的。

真是至理名言！

在这里，我们把一直使用的"同情"发展性地解释为"共
感"的内涵再进一步地探究一下。很明显，"共感"这个概念和从
社会学属性的狭义的rapport（信赖关系）中生成的心态有着根本
的不同。正如已被学界所指出的那样，狭义的rapport与其说是相
互信赖关系，不如说是从研究者（调查者）的一方出于单方面的意
图和想法所建构的关系。因此，这种关系虽然要求被调查者（人
们）向研究者展现其亲和的而又协作的心里动态，但研究者却没
有必要去动心去动情。这并不是来自研究者一方的对他者一方的
感应。鹿野所说的共感，首先是来自研究者一方的对他者的感应，
其结果，也将唤起来自他者一方的感应，正是这一点，与在"调
查""研究"中被回收的关系有着极大的不同。

为了更好地理解平常被暧昧地频繁使用的"共感"这个词语，我们把sympathy和empathy这两个英文单词进行对照，或许具有一定的说服力。这两个单词在日语中都被翻译为共感，基本上是被当作同义词来对待的，但两者的词义却表现出微妙的差异。sympathy这个词义用日语来说是同情、同感、感情移入，是对处于面对面的人产生情绪上的同调感并持有相同意见的一种心态，是很容易和鹿野指出的"对弱者、劣者的怜悯"简单地联系起来的一种心理活动。而另一方面，empathy是自己移入进去，可以说是一种类似能动性地深入到人群之中进行理解，并对他们进行想象的行为。原有的意思是"对对象投射自己的一部分并进行理解"，但在日语的共感一词中，"理解"这一概念并没有被强调，而是具有了以同情和同感的意思为重点的独创的语感。（池田，2005：13）但empathy这一单词的有效性，唯有在"理解"这一概念所表达的局面中才能被发现。

empathy是在19世纪的德国产生的一个新词，是在美国兴盛的自身心理学的创始人海因兹·科赫特常用的一个分析概念，成为自身心理学的一个关键词。科赫特将empathy定义为：

　　是面向他人的内在生活去思考、去感受自己的一种能力。但是，通常并且合适的是，在程度衰减时去进行体验。（Kohut, 1995: 120）

　　有些人在保持客观的观察者的立场的同时，也要去体验另一个人的内在的人生（要去尝试这样的事情）。（Kohut, 1995: 243）

科赫特提出的empathy这个概念，虽然包括了多方面的而又很复杂的含义，但在这里，姑且把它作为"在他者之中去感受、体验、理解自己的方法"的"共感"来简约地进行把握。这种共感的特征，在于它排斥了将自己和他人轻易地同一化这一点。这种体验是"程度衰减"，也就是以低于他者体验的水平去体验，而且，虽然面对他者的内在的人生，但却并没有抛弃自己的立场。这样的"共感"观是和我在新潟中越地震后所发现的"渐近线的接近"（参见第61页）的方法相贯通的，"渐近线的接近"就是一种"首先要认识到无论怎样的去和人们接近，即使向人们移入自我，也不可能与他们完全的同一化。并且在这样的认识之下，通过不懈的继续努力，更加深切地理解人们所持有的想法和价值的方法"。

更进一步地说，这种方法并不仅仅是对面临悲伤以及愤怒的负的他者进行理解，还有一点就是也要对感受喜悦以及快乐的正的他者进行理解，所以，可以说比起一般的以同情和怜悯来表现的情感，其所具有的意义范围更为广泛。围绕着我自己的斗牛实践，不仅包含灾后的共患难，也包含日常的共欢愉。所谓共感就是基于超越立场性，为了更加深刻地理解喜怒哀乐这些人类所有面貌的一种方法。

鹿野所说的作为使之内在的心情一致，从审视自己的存在根源发酵的对他者的想象力的共感，也应该不是感伤的sympathy，必须作为包含"理解"的empathy进行把握。这是以"同情"的这种形式使自己和他者趋于同化，但另一方面，是以"理解"的这种形式使自己和他趋于异化。在美国的自身心理学以及医疗、护理领域，需要明确地把sympathy和empathy进行严格区分，但在我们尝试的新的知识生产和社会实践中必须考量的共感，也应该在这样的意义差异的基础上进行定位。善于研究叙事分析的美国民俗学者艾米·舒曼（Amy shuman）认为，empathy对于个体的事物来说，是超越其经验差异的、以实现更为广泛地理解这个目标的存在。（Shuman, 2006: 149）在这里也设定了"理解"这个目标。但是，这不仅仅是作为信息收集活动的意义，也具有生成多样性行为者之间协作的情绪上的意义。

empathy介于与他者短浅地自我同化的"感伤"和把他者完全地他者化（作为他人之事）的"共感缺失（empathy deficit）"这两个极端之间，在进一步加深对人的理解上，可以说是发挥了很大的作用。在新的知识生产和社会实践中发生的各种各样的问题，从根本上说都会出现共感缺失的问题，比如地震后，在受灾地区的自然灾害之外给受灾者带来生活上的侵害、导致二次人为灾害的研究人员和专家，因为缺失这种共感而疏忽对人们的理解，就会产生很多问题。在本书的《序章》中介绍了山内明美的辛辣之文，它所指责的就是在受灾地以"貌似同情"到处访谈的教授、研究者们，虽然"貌似同情"，但其实缺失了对人们进行理解的共感。

还有，相反地，即使研究者和专家陷入于过度的sympathy中，也会产生同样的问题。外来研究者和专家们即使能够对受灾者移入感情，但如果缺失"理解"这种能力，有时候反而落入自以为是的危险性。面对他者进行接近的人，越是靠近就越会任性地以为已经和他者同一化了，虽然付诸行动，但往往与他者的感觉、感情以及他们所需要的东西、方法相背离。这是因为与他者产生共鸣的人虽然自我感觉良好，但有时候对他者来说却会产生不尽人意的作用。这种自以为是的同一化和"共感缺失"一样，会更进一步地对人们造成伤害。（Suga, 2012）

再者，对于包含了"理解"的empathy，如果不小心的话，有时候也有可能向sympathy的一方流动。对于理解这个词语的理性的印象而言，会让人浮现出冷静沉着地进行客观对待的姿态。然而，这个姿态是经常变动的。共感，说到底是在不使自己的情感出现异常的范围内，观察他者内在的人生的一种方法，但实际上，如果与他者的关系越来越紧密，自己的情感将发生摇摆，陷入于原本应该避免的感伤等的sympathy之中。艾米·舒曼认为，感伤是作为失败的empathy的一种而产生，并指出："empathy虽然超越空间和时间，扩展了对他者进行理解的可能性，但促使正在经受苦难的民众改变现状的情况非常罕见。并非是被移入感情的一方，而是移入感情的一方这种处于优越立场的人，他们获得某种感动的情况反而更多见。"（Shuman, 2006: 152-153）感情变成了独断的、自以为是的、自我陶醉的事物。有关于这样的危险性，研究者和专家们应该对此怀抱自觉或者自省的意识。当然，我自己也必须做到自我警惕。

在过度的"感伤"和"共感缺失"之间萌生的共感，是经常摇摆不定的。我们必须时而对这种摇摆进行确认，时而回顾自己的行为。而且，对于因为从自己对他者的感应而唤起的从他者对自己的感应，也必须时刻保持敏感。这意味着对研究者和普通市民这种立场性的超越。共感的一方/被共感的一方的这种关系是不固定的，它总是可变的，这个感应如果能够顺畅地互动并且不断地自反的话，应该在多样性的人群之间，酿成不被研究以及调查还原的真正的rapport（信赖关系）。

长期以来，我们在研究和实践中为了追求"客观性"，不得不尽可能地抑制着自己的感情。我认为，在对这样的情感可能产生的问题引起注意的同时，在共感之间致力于建立主观性的关系，会带来至今为止在知识生产和社会实践中所没有的新的思维。最近，在民俗学领域中也出现了以这种感应为基础的别具一格的研究。民俗学者六车由实迷失于"人生大雾"之中，因为对自己的生活方式感到疑问，辞去了大学的工作，作为养老院的护理人员站到了实践的现场，在那里与老年痴呆症患者接触的过程中，进行着感应的反复交互的知识生产。（六车，2012）

她并不是以"研究"和"调查"为目的进入这个护理现场的。但是，她所掌握的民俗学知识作为理解人的一种方法发挥了作用。而且，对这种方法加以活用，在把具有各种背景的老人们的记忆编织成语言的过程中，护理方的她和被护理方的老人们结成了固定性的非对称关系，但虽然是暂时性的，她把这种关系逆转为"请讲给我听"和能动的"想讲给你听"这样的关系，伴随着老人们的生活变得更丰富多彩的同时，她自己也从大雾之中获得救赎。所以，在那里产生了自己和他者的自反性的感应。通过这样的经历，六车由实认为："我得到了（注：养老院）利用者们的救助活到了今天。在利用者们讲述的各自充满魅力的人生中，我受到了

关于生存的深刻涵义以及无穷奥妙的教育。"（六车，2012：232）

当然，仅仅从技术论中解读的包含了内心的共感这种"方法"，具有一定的局限性的。因为根据自己和他者被放置的可变状况以及自己和他者的感受性这种能力，这种方法经常受到制约，我们不能认为它是一项无论是谁、无论什么时候、无论哪里、无论和谁都能够展开的体系的、组织的、统一的、通用的具有秩序的技术，而且也不能进行如此认知。这还是和我通过新潟的实践所学到的是一样的："在没有终点的相关联的前提下，不定型化、不规范化、不指南化、不通用化、不手段化，并且不先验的以该行为本身为目的的营生。"只不过是从个体经验中获得感悟的一种方法而已。

从这一点来说，共感虽然是一种方法，但或许并不是无论谁都能够同样展开的方法。一方面要求克服理性而另一方面又要求不陷于感情之中，在这样的夹缝中深入地对人进行理解的方法，只能在自己和他者之间、在摇摆不定中，自然而然地去掌握。而且，要掌握这种方法也许需要某种"时机"。如灾害和战争这种极端的变故等，是形成共感的重要时机。但是，也肯定存在着像六车那样因为私人的、个体的状况而出现时机的情况。这样的时机并不依赖于特定的状况。"共感"是在持续感知的过程中，在某个时候作为自己的方法被"发现"的结果。因此，对于从一开始就放弃感知的人或者是不能够感知的人来说，这可以说是一种无论怎样身处于人群之中，终究都无法邂逅的方法。

最后，我想在前一篇（第245页）中揭示的新知识运动的六个本质中，再附加上"是共感的、感应的"这个学术运动的"第七个本质"。发现这个本质并不是必然的。但是，为了能让与新的知识生产和社会实践相关联的人们在不得不去发现的时候，无所畏惧、毫不犹豫地去发现，希望把"是共感的、感应的"这个本质永远地保存在内心的某个角落。

参考文献

［1］飯島吉晴：1998 "アメリカ民俗学の成立と展開"，福田アジオ他編,《講座日本の民俗学 1——民俗学の方法》，雄山閣出版

［2］池田政俊：2005 "精神療法における共感的介入と解釈的介入について——精神分析の視点から",《帝京大学心理学紀要》9

［3］石川徹也：2009 "'歴史知識学の創成'研究に着手して思うこと",《日本歴史》728

［4］岩竹美加子編译：1996《民俗学の政治性》，未来社

［5］岩本通弥：2002 "'文化立国'論の憂鬱",《神奈川大学評論》42

［6］岩本通弥：2003 "フォークロリズムと文化ナショナリズ

ム——現代日本の文化政策と連続性の希求",《日本民俗学》236

　　［7］岩本通弥：2012"民俗学と実践性をめぐる諸問題"，岩本通弥、菅豊、中村淳編,《民俗学の可能性を拓く——"野の学問"とアカデミズム》，青弓社

　　［8］岩本通弥編：2007《ふるさと資源化と民俗学》吉川弘文館

　　［9］鵜飼正樹：1994《大衆演劇への旅——南条まさきの一年二ヵ月》，未来社

　　［10］宇根豊：2011《百姓学宣言——経済を中心にしない生き方》，農山漁村文化協会

　　［11］大島暁雄：2007《無形民俗文化財の保護——無形文化遺産保護条約にむけて》，岩田書院

　　［12］岡正雄：1973"柳田国男との出会い",《季刊柳田国男研究》創刊号

　　［13］尾島史章：1993"ラポール"，森岡清美、塩原勉、本間康平編,《新社会学辞典》，有斐閣

　　［14］片山泰輔：2008"アメリカの文化環境を支える仕組み——芸術支援における財政的多元性の意義"，松永澄夫編,《環境——文化と政策》，東信堂

　　［15］鹿野政直：1983《近代日本の民間学》，岩波書店

　　［16］川森博司：2007"中央と地方の入り組んだ関係——地方人から見た柳田民俗学"，岩本通弥編,《ふるさと資源化と民俗学》，吉川弘文館

［17］菊地暁：2001《柳田国男と民俗学の近代——奥能登のアエノコトの二十世紀》，吉川弘文館

［18］ギデンズ、アンソニー：1993《近代とはいかなる時代か？——モダニティの帰結》(松尾精文、小幡正敏译)，而立書房

［19］鬼頭秀一：2012 "民俗学における学問の'制度化'とは何か"，岩本通弥、菅豊、中村淳編，《民俗学の可能性を拓く——"野の学問"とアカデミズム》，青弓社

［20］ギボンズ、マイケル編著：1997《現代社会と知の創造——モード論とは何か》(小林信一監译)，丸善

［21］クライン、ナオミ：2011a《ショック・ドクトリン——惨事便乗型資本主義の正体を暴く》上(幾島幸子、村上由見子译)，岩波書店

［22］クライン、ナオミ：2011b《ショック・ドクトリン——惨事便乗型資本主義の正体を暴く》下(幾島幸子、村上由見子译)，岩波書店

［23］河野眞：2003 "フォークロリズムの生成風景——概念の原産地への探訪から"，《日本民俗学》236

［24］クライン、ナオミ：2005《ドイツ民俗学とナチズム》，創土社

［25］小長谷英代：2006 "民俗の表象におけるフォークロリスト／民俗学者の役割と公共文化政策"，《比較生活文化研究》12

［26］小林信一：1997 "転機に立つ'科学技術と社会'——日本語版の解説にかえて"，マイケル・ギボンズ編著，《現代社会

と知の創造——モード論とは何か》(小林信一監译)，丸善

［27］小林傳司：2007《トランス・サイエンスの時代——科学技術と社会をつなぐ》，ＮＴＴ出版

［28］コフート、ハインツ：1995（1994)《自己の治癒》(本城秀次、笠原嘉監译、幸順子等共译)，みすず書房

［29］才津祐美子：1996 "'民俗文化財' 創出のディスクール"，《待兼山論叢》30

［30］才津祐美子：1997 "そして民俗芸能は文化財になった"，《たいころじい》15

［31］斎藤貴男：2011《民意のつくられかた》，岩波書店

［32］佐藤健二：1987《読書空間の近代——方法としての柳田国男》，弘文堂

［33］才津祐美子：2009 "方法としての民俗学 / 運動としての民俗学 / 構想力としての民俗学"，小池淳一編，《民俗学的想像力》，せりか書房

［34］才津祐美子：2011a《社会調査史のリテラシー——方法を読む社会学的想像力》，新曜社

［35］才津祐美子：2011b "近代日本民俗学史の構築について / 覚書"，《国立歴史民俗博物館研究報告》165

［36］佐藤哲：2009 "知識から智慧へ——土着的知識と科学的知識をつなぐレジデント型研究機関"，鬼頭秀一、福永真弓編，《環境倫理学》，東京大学出版会

［37］澤田雅浩：2009 "震災復興における中山間地集落再生

の試み——新潟県中越地震における小千谷市東山地区での取り組み”，住民主体のまちづくり研究ネットワーク編，《住民主体の都市計画——まちづくりへの役立て方》，学芸出版社

［38］重信幸彦：2009“‘野’の学のかたち——昭和初期・小倉郷土会の実践から”，小池淳一編，《民俗学的想像力》，せりか書房

［39］宍塚の自然と歴史の会：1999《聞き書き　里山の暮らし——土浦市宍塚》，宍塚の自然と歴史の会

［40］（NPO法人）宍塚の自然と歴史の会：2005《続・聞き書き　里山の暮らし——土浦市宍塚》，NPO法人宍塚の自然と歴史の会

［41］菅豊：2006“公共民俗学（Public Folklore）の可能性”（日本民俗学会第五八回年会発表）

［42］菅豊：2008“Folklore（アメリカ民俗学）と民俗学（Japanese Folklore）の対照”（第八三六回日本民俗学会談話会発表）

［43］菅豊：2009“公共歴史学——日本史研究が進み行くひとつの方向”，《日本歴史》728

［44］菅豊：2010“現代アメリカ民俗学の現状と課題——公共民俗学（Public Folklore）を中心に”，《日本民俗学》263

［45］菅豊：2012a“民俗学の悲劇——アカデミック民俗学の世界史的展望から”，《東洋文化》93

［46］菅豊：2012b“公共民俗学の可能性”，岩本通弥、菅豊、中村淳編，《民俗学の可能性を拓く——“野の学問”とアカデミ

ズム》，青弓社

　[47]菅豊：2012c"民俗学の喜劇——'新しい野の学問'世界に向けて"，《東洋文化》93

　[48]瀬戸口明久：2009"'自然の再生'を問う——環境倫理と歴史認識"，鬼頭秀一、福永真弓编，《環境倫理学》，東京大学出版会

　[49]高木博志：1997《近代天皇制の文化史的研究》，校倉書房

　[50]鶴見太郎：1998《柳田国男とその弟子たち——民俗学を学ぶマルクス主義者》，人文書院

　[51]鶴見太郎：2004《民俗学の熱き日々》，中央公論新社

　[52]ドーソン、リチャード・M：1981（1959）《アメリカの民間伝承》(坂本完春译)，岩崎美術社

　[53]土場学：2008"公共性の社会学 / 社会学の公共性"，《法社会学》68

　[54]富澤寿勇：2011"データの取り方 1　聞き取りをする"，鏡味治也、関根康正、橋本和也、森山工编，《フィールドワーカーズ・ハンドブック》，世界思想社

　[55]鳥越皓之：1984"方法としての環境史"，鳥越皓之、嘉田由紀子编，《水と人の環境史》，御茶の水書房

　[56]鳥越皓之：1997《環境社会学の理論と実践》，有斐閣

　[57]鳥越皓之编：1994《試みとしての環境民俗学》，雄山閣出版

［58］直井優：1988 "ラポール"，見田宗介、栗原彬、田中義久編，《社会学事典》，弘文堂

［59］中野民夫：2001《ワークショップ》，岩波書店

［60］平川秀幸：2010《科学は誰のものか──社会の側から問い直す》，NHK出版

［61］福田アジオ：2009《日本の民俗学──'野'の学問の二〇〇年》，吉川弘文館

［62］藤垣裕子：2003《専門知と公共性──科学技術社会論の構築へ向けて》，東京大学出版会

［63］藤田徳英：2012《新潟県小千谷発　心ほっこりいい話》，風濤社

［64］ブルデュー、ピエール、ヴァカン、ロイック・J・D：2007《リフレクシヴ・ソシオロジーへの招待──ブルデュー、社会学を語る》（水島和則訳），藤原書店

［65］松田陽：2012 "世界のなかのパブリック・アーケオロジー──その成り立ちと理論"，松田陽、岡村勝行，《入門パブリック・アーケオロジー》，同成社

［66］マルテル、フレデリック：2009《超大国アメリカの文化力──仏文化外交官による全米踏査レポート》（根本長兵衛、林はる芽訳），岩波書店

［67］宮内泰介：2003 "市民調査という可能性──調査の主体と方法を組み直す"，《社会学評論》53（4）

［68］宮内泰介編：2013《なぜ環境保全はうまくいかないの

か——現場から考える"順応的ガバナンス"の可能性》，新泉社

［69］宮本常一：1984（1960）《忘れられた日本人》，岩波書店（引用于岩波文庫）

［70］宮本常一、安渓游地：2008《調査されるという迷惑——フィールドに出る前に読んでおく本》，みずのわ出版

［71］六車由実：2012，《驚きの介護民俗学》，医学書院

［72］村山淳彦：2003 "フォークナーとフォークロア"，《フォークナー》5

［73］八木康幸：2003 "フェイクロアとフォークロリズムについての覚え書き——アメリカ民俗学における議論を中心にして"，《日本民俗学》236

［74］八木康幸：2006 "パブリック・フォークロアと'地域伝統芸能'"，《関西学院史学》33

［75］柳田国男：1963（1933）"郷土研究と郷土教育"，《郷土研究》27（引用于《定本柳田国男集第24巻》，筑摩書房）

［76］結城登美雄：2009《地元学からの出発》，農山漁村文化協会

［77］好井裕明：2006《"あたりまえ"を疑う社会学——質的調査のセンス》，光文社

［78］吉本哲郎：2008《地元学をはじめよう》，岩波書店

［79］リンダール、カール：2012 "記憶の嵐——ヒューストンにおけるニューオーリンズから来たハリケーン・カトリーナの生存者たち"（谷口陽子译），《日本民俗学》269

［80］鷲谷いづみ：2001 "保全生態学から見た里地里山"，武内和彦、鷲谷いづみ、恒川篤史編，《里山の環境学》，東京大学出版会

［81］渡邉敬逸：2009 " '文化' と '経済' のあいだに――牛の角突きの近現代"，菅豊編，《人と動物の日本史 3 ――動物と現代社会》，吉川弘文館

［82］Abrahams, Roger D. 1993 After New Perspectives: Folklore Study in the Late Twentieth Century, #Western Folklore# 52(2/4):379-400.

［83］Baron, Robert/ Nicholas R. Spitzer eds. 1992 #Public Folklore#, Washington, D.C.: Smithsonian Institution Press.

［84］Baron, Robert 1993 Multi-Paradigm Discipline, Inter-Disciplinary Field, Peering through and around the Interstices, #Western Folklore# 52(2/4):227-245.

［85］Baron, 1999 Theorizing Public Folklore Practice: Documentation, Genres of Representation, and Everyday Competencies, #Journal of Folklore Research# 36(2/3): 185-201.

［86］Baron, 2008 American Public Folklore -History, Issues, Challenges, #Indian Folklore Research Journal# 5(8): 65-86.

［87］Baron, 2010 Sins of Objectification?: Agency, Mediation, and Community Cultural Self-Determination in Public Folklore and Cultural Tourism Programming, #Journal of American Folklore# 122(487): 63-91.

［88］Bauman, Richard 1989 American Folklore Studies and Social Transformation: A Performance-centered Perspective. *#Text and Performance Quarterly#* 9(3): 175-184.

［89］Bauman, Richard/ Patricia Sawin 1991 The Politics of Participation in Folklife Festival, in Ivan Karp/ Steven D. Lavine eds. *#Exhibiting Cultures: The Poetics and Politics of Museum Display#*, Washington, D.C.: Smithsonian Institution Press: 288-314.

［90］Beck, Jane C. 1997 Taking Stock (AFS Presidential Plenary Address, 1996), *#Journal of American Folklore#* 110(436): 123-139.

［91］Borofsky, Robert 2000 Public Anthropology: Where To? What Next? *#Anthropology News#* 41(5): 9-10.

［92］Botkin, Benjamin A. 1931 "Folk-Say" and Folklore, *#American Speech#* 6(6): 404-406.

［93］Botkin, 1939 WPA and Folklore Research: Bread and Song, *#Southern Folklore Quarterly#* 3: 7-14.

［94］Botkin, ed. 1944 *#A Treasury of American Folklore: Stories, Ballads, and Traditions of the People#*, New York: Crown Publishers.

［95］Botkin, ed. 1947 *#A Treasury of New England Folklore: Stories, Ballads, and Traditions of Yankee Folk#*, New York: Crown Publishers.

［96］Botkin, ed. 1955 *#A Treasury of Mississippi River Folklore: Stories, Ballads, and Traditions of the Mid-American River Country#*, New York: Crown Publishers.

[97] Botkin, ed. 1960 #*A Civil War Treasury of Tales, Legends and Folklore#*, New York: Random House.

[98] Briggs, Charles L. 1993 Metadiscursive Practices and Scholarly Authority in Folkloristics, #*Journal of American Folklore#* 106(422): 387-434.

[99] Brunner, Ronald D. et al. eds. 2005 #*Adaptive Governance: Integrating Science, Policy, And Decision Making#*, New York: Columbia University Press.

[100] Bulger, Peggy A. 2003 Looking Back, Moving Forward: The Development of Folklore as a Public Profession (AFS Presidential Plenary Address, 2002), #*Journal of American Folklore#* 116(462): 377-390.

[101] Burawoy, Michael et al. 2004 Public Sociologies: A Symposium from Boston College, #*Social Problems#* 51(1): 103-130.

[102] Burawoy, Michael 2005 For Public Sociology (ASA Presidential Address, 2004), #*American Sociological Review#* 70: 4-28.

[103] Burckhardt-Seebass, Christine/ Reginabeindix 1999 The Role of Expert in Public Folklore: Response to Robert Baron, #*Journal of Folklore Research#* 36(2(/3): 201-205.

[104] Clifford, James/ George E. Marcus eds. 1986 #*Writing Culture: the Poetics and Politics of Ethnography#*, Berkeley: University of California Press.

［105］Combs, Rhea L. 2008 Catwalking through Culture: Notes from the 2002 Smithsonian Silk Road Festival, #*Journal of American Folklore*# 121(479): 112–123.

［106］Diamond, Heather A. 2008 A Sense of Place: Mapping Hawai'i on the National Mall, #*Journal of American Folklore*# 121(479): 35–59.

［107］Diamond, Heather A./ Ricardo D. Trimillos 2008 Introduction: Interdisciplinary Perspectives on the Smithsonian Folklife Festival, #*Journal of American Folklore*# 121(479): 3–9.

［108］Dorson, Richard M. 1982 The State of Folkloristics from an American Perspective, #*Journal of the Folklore Institute*# 19(2/3): 71–105.

［109］Fishel Jr., Leslie H. 1986 Public History and Academy, in Barbara J. Howe et al. eds. #*Public History: An Introduction*#, Malabar: Robert E. Krieger Publishing Company.

［110］Fuller, Duncan 2008 Public Geographies: Taking Stock, #*Progress in Human Geography*# 32(6): 834–844.

［111］Gibbons, Michael et al. 1994 #*The New Production of Knowledge: The Dynamics of Science and Research in Contemporary Societies*#, London: SAGE Publications Ltd.

［112］Handler, Richard 1988 #*Nationalism and the Politics of Culture in Quebec*#, Madison: University of Wisconsin Press.

［113］Hufford, Mary ed. 1994 #*Conserving Culture: A New*

Discourse on Heritage#, Urbana: University of Illinois Press.

[114] Jameson Jr., John H. 2004 Public Archaeology in the United States, in Nick Merriman ed. *#Public Archaeology#*, New York: Routledge: 21-58.

[115] Jones, Michael Owen ed. 1994 *#Putting Folklore to Use#*, Lexington: University Press of Kentucky.

[116] Jordanova, Ludmilla 2000 *#History in Practice#*, London: Arnold.

[117] Kamenetsky, Christa 1972 Folklore as a Political Tool in Nazi Germany, *#Journal of American Folklore#* 85(337): 221-235.

[118] Kamenetsky, 1973 The German Folklore Revival in the Eighteenth Century: Herder's Theory of Naturpoesis, *#Journal of Popular Culture#* 6(4): 836-848.

[119] Kamenetsky, 1977 Folktale and Ideology in the Third Reich, *#Journal of American Folklore#* 90(356): 168-178.

[120] Kirshenblatt-Gimblett, Barbara 1988 Mistaken Dichotomies, *#Journal of American Folklore#* 101(400): 140-155.

[121] Kirshenblatt-Gimblett, 1991 Objects of Ethnography, in Ivan Karp/ Steven D. Lavine eds. *#Exhibiting Cultures: The Poetics and Politics of Museum Display#*, Washington, D.C.: Smithsonian Institution Press: 386-443.

[122] Kirshenblatt-Gimblett, 1998 *#Destination Culture: Tourism, Museums, and Heritage#*, Berkeley, Los Angeles, London:

University of California Press.

［123］Kirshenblatt-Gimblett, 2000 Folklorists in Public: Reflections on Cultural Brokerage in the United States and Germany, #*Journal of Folklore Research*# 37(1): 1-21.

［124］Kodish, Debora 1993 On Coming of Age in the Sixties, #*Western Folklore*# 52(2/4): 193-207.

［125］Lindahl, Carl 2006 Storms of Memory: New Orleanians Surviving Katrina in Houston, #*Callaloo*# 29(4): 1526-1538.

［126］Lindahl, 2012 Legends of Hurricane Katrina: The Right to Be Wrong, Survivor-to-Survivor Storytelling, and Healing, #*Journal of American Folklore*# 125(496): 139-176.

［127］Lloyd, Timothy 1997 Whole Work, Whole Play, Whole People: Folklore and Social Therapeutics in 1920s and 1930s America, #*Journal of American Folklore*# 110(437): 239-259.

［128］McGimsey Ⅲ, Charles R. 1972 #*Public Archeology*#, New York: McGraw Hill.

［129］Merriman, Nick 2004 Introduction: Diversity and Dissonance in Public Archaeology, in Nick Merriman ed. #*Public Archaeology*#, New York: Routledge: 1-17.

［130］Montenyohl, Eric 1996 Divergent Paths: On the Evolution of "Folklore" and "Folkloristics, " #*Journal of Folklore Research*# 33(3): 232-235.

［131］Murphy, Alexander B. 2005 Enhancing Geography's Role

in Public Debate (AAG Presidential Address, 2005), #*Annals of the Association of American Geographers*# 96(1): 1–13.

[132] Myerhoff, Barbara/ Jay Ruby 1982 Introduction, in Jay Ruby ed. #*A Crack in the Mirror: Reflexive Perspectives in Anthropology*#, Philadelphia: University of Pennsylvania Press: 1–35.

[133] O'Connor, Bonnie B. 1995 #*Healing Traditions: Alternative Medicine and the Health Professions*#, Philadelphia: University of Pennsylvania Press.

[134] Peacock, James L. 1998 Anthropology and the Issues of Our Day, #*AnthroNotes*# 20(1): 1–5.

[135] Price, Richard/ Sally Price 1994 #*On the Mall: Presenting Maroon Tradition Bearers at the 1992 Festival of American Folklife*#. Special Publications of the Folklore Institute 4, Bloomington: Indiana University Press.

[136] Satterwhite, Emily 2008 Imagining Home, Nation, World: Appalachia on the Mall, #*Journal of American Folklore*# 121(479): 10–34.

[137] Shuman, Amy 2006 Entitlement and Empathy in Personal Narrative, #*Narrative Inquiry*# 16(1): 148–155.

[138] Straker, Jay 2008 Performing the Predicaments of National Belonging: The Art and Politics of the Tuareg Ensemble Tartit at the 2003 Folklife Festival, #*Journal of American Folklore*# 121(479): 80–96.

[139] Suga, Yutaka 2012 Into the Bullring: The Significance of "Empathy"(American Folklore Society 2012 Annual Meeting,

2012.10.27, New Orleans, Louisiana, USA)

[140] Thompson, Krista A. 2008 Beyond Tarzan and National Geographic: The Politics and Poetics of Presenting African Diasporic Cultures on the Mall, #*Journal of American Folklore*# 121(479): 97–111.

[141] Trimillos, Ricardo D. 2008 Histories, Resistances, and Reconciliations in a Decolonizable Space: The Philippine Delegation to the 1998 Smithsonian Folklife Festival, #*Journal of American Folklore*# 121(479): 60–79.

[142] Walle, Alf H. 1990 Cultural Conservation Public Sector Folklore and Its Rivals, #*Western Folklore*# 49(3): 261–275.

[143] Watts, Linda S. ed. 2007 #*Encyclopedia of American Folklore*#, New York: Facts On File Inc.

[144] Wells, Patricia A. 2006 Public Folklore in the Twenty-First Century: New Challenges for the Discipline, #*Journal of American Folklore*# 119(471): 5–18.

[145] Wilson, William A. 1973 Herder, Folklore and Romantic Nationalism, #*Journal of Popular Culture*# 6(4): 819–835.

后　记

　　本书在执笔的过程中，我在发现对新的知识生产和社会实践具有极大可能性以及意义、希望的同时，也意识到了自己其实并不能纯粹地为之适应。在充满理想和热情的模型被建立的现代的学术世界中，我感觉到了使之远离存在于中心之理想的离心力。有很多研究者在不知不觉中离理想越来越远。或者在茫然中止步不前，自然而然地就远离理想而去。所以，我们只能有意识地朝着这个中心继续前进。

　　在本书的前半部分，我做好了接受自恋情节讥讽的心理准备，毫不犹豫地记录了自己在田野调查中的具体状态。对于研究者来说，这既是一件感到羞涩的事情，也是一件需要勇气的事情。对于把人类作为对象进行研究的人来说，比起自己不如说他者更为亲近。自己，是比他者更为遥远的存在。所以，很多研究者不对自己发问，将目光固定于他者身上。

当然，用自己的眼睛客观地看待自己，把自己和他人的行为以及心态和言语，使用第一人称讲述的我的这一次尝试，并不是特别新鲜的东西。这是迄今为止在民族志中一直被使用的方法。而且，显而易见，这种方法具有很大的局限性。其自画像毫无疑问是变形的。虽然我认为把在本书中所描绘的我与他者的关系作为唯一的"真实"进行解读的人，首先应该是不存在的，说到底这只是我自己描画的自画像而已，于我而言，也另外存在着几个作为他者被描画的他者像。在这种自省自照的方法中，无法踏入的领域和内容确实是存在的。

但是，这种自省自照的方法不仅仅是民族志的表现技法，它是否可以成为把远离学术和实践之理想的自己拉回到中心的一种对策呢？为了在新的知识生产和社会实践的洪流中不轻易地被随波逐流，或者反其道而行之，为了毫不犹豫地激流勇进，作为判断在理想与现实之间自我定位的一种方法，它是否可以发挥一定的作用呢？于是，我毫不畏惧地尝试了这种方法。那它是否仍然是一种不切实际的方法呢？虽然心里有点惴惴不安，但即便如此，在这样的尝试中，一直置身于凝视的一方的研究者和专家们进行自省自照，而一直置身于被凝视的一方的人们对研究者和专家们进行他省他照，与此同时，如果能够成为为了共同实现新的知识生产和社会实践的一个契机，那必将带来意外的欣喜。

在本书撰写和制作过程中，得到了很多人的帮助。哲酱、泉坊桑以及忠坊桑忍耐着难懂的专业词语把草稿浏览了一遍，更不用说平日里他们给予了我极大的恩惠。其他众多的小千谷的各位，在这里没有全部列出名字，我对此深表歉意，并向他们表示衷心的感谢。另外，通过共同的研究和知识的交流，对于研究新的知识生产和社会实践提供重要见解的民俗学、环境社会学、文化人类学、环境伦理学，生态学等诸多同仁的恩情，也在此深表谢意。还有，对我的有点另类的研究感兴趣并给予我鼓励和鞭策同时又引导我完成书稿的岩波书店的岩永泰造氏，在此表示万分的感谢！

终于把篇幅用尽了！最后，请允许我向我的家人表示感谢，谢谢！

菅　丰

于2013年3月11日震灾二年后的安魂日